O PARAÍSO DESTRUÍDO
Brevíssima relação da destruição das Índias Ocidentais

Leia também:

Brasil: terra à vista! – Eduardo Bueno
A carta de Pero Vaz de Caminha
Os conquistadores – Júlio Verne
Diários da descoberta da América – Cristóvão Colombo
O livro das maravilhas – Marco Polo
O paraíso destruído – Frei Bartolomé de Las Casas
A primeira viagem ao redor do mundo – Antonio Pigafetta
Naufrágios & comentários – Álvar Núñez Cabeza de Vaca

Frei Bartolomé de Las Casas

O PARAÍSO DESTRUÍDO
Brevíssima relação da destruição das Índias Ocidentais

Tradução de Heraldo Barbuy

Prefácio e notas de Eduardo Bueno

Texto de acordo com a nova ortografia.
Título original: *Brevísima relación de la destrucción de las Indias Occidentales*
Publicado pela L&PM Editores na Coleção Descobertas L&PM, no formato 14x21cm, em maio de 1984.
Também disponível na Coleção **L&PM** POCKET (2001)

Apresentação e notas: Eduardo Bueno
Tradução: Heraldo Barbuy
Capa: Marco Cena
Revisão: L&PM Editores

CIP-Brasil. Catalogação na publicação
Sindicato Nacional dos Editores de Livros, RJ

C33p

    Casas, Bartolomé de las, 1474-1566
    O paraíso destruído: brevíssima relação da destruição das Índias: a sangrenta história da conquista da América Espanhola / Bartolomé de las Casas; tradução Heraldo Barbuy; apresentação e notas de Eduardo Bueno.– Porto Alegre [RS]: L&PM, 2021.
    160 p. ; 21 cm.

    Tradução de: *Brevísima relación de la destrucción de las Indias occidentales*
    ISBN 978-65-5666-191-9

    1. Índios - Trato. 2. Espanha - Colônias - América - Descobertas e explorações. I. Barbuy, Heraldo. II. Bueno, Eduardo. III. Título.

21-72150   CDD: 980.1
                                  CDU: 94(8)

Meri Gleice Rodrigues de Souza - Bibliotecária - CRB-7/6439

© L&PM Editores, 2001

Todos os direitos desta edição reservados a L&PM Editores
Rua Comendador Coruja, 314, loja 9 – Floresta – 90.220-180
Porto Alegre – RS – Brasil / Fone: 51.3225.5777

PEDIDOS & DEPTO. COMERCIAL: vendas@lpm.com.br
FALE CONOSCO: info@lpm.com.br
www.lpm.com.br

Impresso no Brasil
Inverno de 2021

Hoje, Padre, entra nessa casa comigo.
Vou mostrar-te as cartas, o tormento
de meu povo, do homem perseguido.
Vou mostrar-te as dores antigas.

E para não tombar, para firmar-me
sobre a terra, continuar lutando,
deixa em meu coração o vinho errante
e o pão implacável de tua doçura.

Pablo Neruda
("Frei Bartolomé de Las Casas", *in* Canto Geral)

Sumário

Prefácio à nova edição
A bíblia da indignação – *Eduardo Bueno* / 9

Prefácio à primeira edição brasileira
O genocídio de ontem e hoje – *Eduardo Bueno* / 15

Introdução – A Destruição das Índias Ocidentais / 31

Capítulo 1 – Da Ilha Espanhola / 35
Capítulo 2 – Dos Reinos que Havia na Ilha Espanhola / 38
Capítulo 3 – Das Duas Ilhas, de São João e de Jamaica / 43
Capítulo 4 – Da Ilha de Cuba / 44
Capítulo 5 – Da Terra Firme / 47
Capítulo 6 – Da Província de Nicarágua / 52
Capítulo 7 – Da Nova Espanha / 55
Capítulo 8 – Da Nova Espanha em Particular / 57
Capítulo 9 – Da Província e Reino de Guatemala / 65
Capítulo 10 – Da Nova Espanha, Panuco e Jalisco / 70
Capítulo 11 – Do Reino de Iucatã / 74
Capítulo 12 – Da Província de Santa Marta / 81
Capítulo 13 – Da Província de Cartagena / 85
Capítulo 14 – Da Costa das Pérolas e de Pária e da Ilha da Trindade / 86
Capítulo 15 – Do Riacho Yuya-Pari / 94

Capítulo 16 – Do Reino da Venezuela / 95
Capítulo 17 – Das Províncias da Terra Firme até a Flórida / 100
Capítulo 18 – Do Riacho de La Plata / 103
Capítulo 19 – Dos Grandes Reinos do Peru / 105
Capítulo 20 – Do Novo Reino de Granada / 111
    Sumário da Disputa entre o Bispo Dom Frei Bartolomé de Las Casas e o Doutor Sepulveda / 124
    Prólogo do Bispo de Chiapa aos Senhores da Assembleia / 128
As vinte razões / 132
    Extrato da Segunda Razão / 134
    Extrato da Terceira Razão / 135
    Extrato da Quarta Razão / 136
    Extrato da Quinta Razão / 137
    Extrato da Sexta Razão / 138
    Extrato da Sétima Razão / 140
    Extrato da Oitava Razão / 141
    Extrato da Décima Razão / 142
    Extrato da Décima Primeira Razão / 142
    Extrato da Décima Terceira Razão / 148
    Extrato do Protesto do Bispo e Autor Frei Bartolomé de Las Casas / 150

Bibliografia / 151
Cronologia biográfica de Bartolomé de Las Casas / 153
Cronologia do descobrimento da América / 156

PREFÁCIO À NOVA EDIÇÃO

A BÍBLIA DA INDIGNAÇÃO

*Eduardo Bueno**

Primeira mulher negra a ocupar a vice-presidência dos Estados Unidos, Kamala Harris assumiu seu posto na Casa Branca – ao lado do presidente eleito Joe Biden – no dia 20 de janeiro de 2021. A posse se deu exatas duas semanas depois de uma horda de vândalos de extrema direita, seguidores do presidente derrotado nas urnas Donald Trump, ter invadido o Capitólio, em Washington, naquela que foi a maior afronta e a maior ameaça à democracia norte-americana desde a Guerra de Secessão. A eleição de Biden e Kamala encheu de esperança os democratas e "progressistas" do mundo inteiro – e boa parte das ações tomadas de imediato pelo novo governo parecia justificar aquele otimismo.

Então, em sua primeira viagem internacional, iniciada em 6 de junho, exatos cinco meses após a invasão do Capitólio, Kamala Harris dirigiu-se à Guatemala. Após uma conversa reservada com o presidente daquele país, a vice norte-americana subiu a um púlpito e diante da imprensa local e internacional mandou um recado duro e direto ao povo guatemalteco: "Não venham para os Estados Unidos. Simplesmente não venham".

A declaração, feita por uma filha de imigrantes, negra e mestiça, causou indignação em círculos liberais norte-americanos e entre organizações humanitárias de todo o mundo. Afinal, embora filha de pai jamaicano e mãe indiana que imigraram para os Estados Unidos, Kamala Harris retrocedeu não apenas ao discurso de seu antecessor Donald Trump, mas fez ecoar também

---

* Escritor, jornalista e tradutor, autor de vários livros, entre eles *A viagem do descobrimento*, *Brasil: uma história* e *Brasil: terra à vista!*. Tem o canal Buenas ideias no YouTube, com episódios sobre história do Brasil.

as ações e palavras de Ronald Reagan, o ator medíocre e delator dos tempos do macarthismo, que seguiu a carreira política e acabou empossado como presidente dos Estados Unidos em janeiro de 1981, deflagrando uma nova era de conservadorismo no país mais rico do mundo.

Era justamente Ronald Reagan o presidente dos Estados Unidos quando a L&PM Editores lançou a primeira edição deste *O paraíso destruído*, o livro de Bartolomé de Las Casas, que, quase quarenta anos depois de seu lançamento no Brasil, está nas suas mãos. A obra saiu no outono de 1984 e fazia apenas cinco anos que eu havia cruzado a América Central, mochila às costas. Passei por todos os países daquela região conflagrada, sempre viajando de carona, exceto na Nicarágua, que cruzei de ônibus depois de semanas retido na fronteira com Honduras, em função da guerra então travada pelos sandinistas contra a sangrenta ditadura de Anastasio Somoza.

Assim, a introdução que escrevi para a edição de 1984 – reproduzida na íntegra logo na sequência desse preâmbulo – ecoava as memórias vívidas e terrificantes que haviam ficado silhuetadas em minha mente não só pelos horrores que presenciei, como em função dos relatos que escutei de viva voz durante os mais de três meses pelos quais se prolongou aquela difícil travessia, ao longo da qual pude visitar ruínas das cidades maias espalhadas pela região e conviver com esse povo em suas aldeias e na periferia das capitais.

Nos estertores daquela década de 1970 – na qual os Estados Unidos recém haviam sido derrotados na guerra do Vietnã –, Guatemala e El Salvador eram assolados pela ação de esquadrões da morte da ultradireita, que matavam camponeses e líderes sindicais em plena luz do dia, deixando os corpos insepultos nas calçadas ou nos terrenos baldios. Posso assegurar que em sua absoluta maioria os mortos eram da etnia maia. De todos os assassinatos, o mais infame e marcante foi o do arcebispo Óscar Romero, morto com um tiro em plena missa, em março de 1980. O sicário era um militar treinado na Escola das Américas, organização criada pelo Departamento de Defesa dos Estados Unidos para fomentar o "anticomunismo". Romero foi santificado pelo Vaticano e virou tema do filme *Salvador*, dirigido por Oliver Stone.

Mais ou menos na mesma época, em março de 1978, na vizinha Honduras, o sinistro general Policarpo Quaresma – ops, perdão – Policarpo Paz García havia chegado ao poder depois de derrubar o corrupto coronel Melgar Castro que, por sua vez, afastara do governo o chefe das Forças Armadas Ernesto López, que destituíra Ramón Cruz, o presidente que tinha deflagrado a infame "guerra do futebol", quando Honduras e El Salvador se engalfinharam num desastroso conflito que se seguiu a uma partida entre as seleções de ambos os países. Já o Panamá vivia sob a mão de ferro do ditador Omar Torrijos – que nunca foi eleito presidente, mas era chamado de "líder supremo da Revolução do Panamá" e se achava no poder desde 1968 (no qual permaneceria até morrer em um misterioso acidente aéreo, em 1981). A Costa Rica era um oásis de democracia e tranquilidade, como atualmente ainda é.

***

Quase meio século se passou desde que cruzei aqueles países, vindo de Nova York até Porto Alegre – e as coisas mudaram muito desde então. Só que não necessariamente para melhor. Em julho de 1979, os sandinistas ganharam a guerra contra Somoza – e instalaram uma ditadura que, embora menos sangrenta do que a anterior, entronizou no poder o ex-guerrilheiro Daniel Ortega, que frauda as eleições, prende ou mata seus opositores e, como se não bastasse ter traído os ideais supostamente libertários dos sandinistas, assumiu uma postura negacionista com relação à pandemia de covid-19.

Pandemia que não foi capaz de impedir o tráfico de drogas pela região – pelo contrário, provocou um aumento. Com efeito, no final daquela década de 1970, a América Central – que sempre foi um corredor de culturas, plantas e animais, uma espécie de ponte entre as porções setentrionais e meridionais do continente – ainda não era a rota de escoamento das drogas produzidas pela Colômbia e pela Bolívia em seu curso rumo aos Estados Unidos. Foi o governo Reagan, em sua hipócrita e fracassada "guerra contra as drogas", que estimulou o tráfico de cocaína na região, para com ele financiar a ação dos chamados "contras", o grupo que lutava contra os sandinistas na Nicarágua.

Atualmente, os narcotraficantes substituíram os esquadrões de morte da direita, e são eles que agora provocam massacres na Guatemala e em Belize – sem falar do México, é claro. Já Honduras vive sob um governo ilegítimo que tomou o poder em julho de 2009, com o enésimo golpe militar da história daquela turbulenta nação. E o Panamá, sempre uma "zona franca", isenta de impostos, embora tenha se desenvolvido sob furor neoliberal da lavagem de dinheiro, segue perto demais não só dos barões da droga da Colômbia como da ditadura bolivariana da Venezuela. Pairando sobre tudo isso, persiste a marca indelével da corrupção, sombria feito mancha de óleo na água, turvando todos esses países, inclusive a Costa Rica.

Como se a situação não fosse perturbadora o suficiente, os ventos da mudança que por lá sopram fizeram aumentar a fúria dos desastres climáticos, pois não restam dúvidas de que o aquecimento global fez com que furacões como o Eta e o Iota – mais fortes do que seus predecessores – deixassem um rastro de destruição e morte ao longo do ano de 2020, com um saldo de mais de meio milhão de desabrigados na Guatemala, em Honduras e em El Salvador. Centenas de milhares deles partiram numa desesperada procissão a pé em direção à fronteira do México com os Estados Unidos, com o sonho de entrar na suposta Terra da Promissão. "Não venham", foi o que eles ouviram Donald Trump, o presidente por trás do Muro da Vergonha (versão século XXI), dizer, instalado em seu trono na Casa Branca.

Trocando em graúdos: para os camponeses e desvalidos da América Central, a vida segue tão perigosa, sombria e rasa em expectativas quanto quarenta anos atrás, quando pude vê-los e conviver com eles. E é por isso que seguem tentando migrar em massa para os Estados Unidos, que sempre os rejeitaram na fronteira, mas jamais deixaram de servir-se da mão de obra barata daqueles que conseguiram furar o bloqueio. O quadro adquire molduras mais amplas e mais reveladoras quando se percebe que todo o cenário de desestabilização – do narcotráfico às ditaduras de direita e de esquerda, do aquecimento global às grandes negociatas – tem, de uma forma ou de outra, o dedo do "Grande Irmão do Norte", fruto direto ou indireto do processo intervencionista que se iniciou muito antes de Trump ou de Reagan, pois remonta à guerra hispano-americana de 1898, quando os Estados Unidos derrotaram a Espanha, antiga algoz e a conquistadora daquela região, substituindo-a com igual ou talvez maior desumanidade.

É dentro desse contexto histórico que se deve interpretar o discurso de Kamala Harris, e fica fácil entender por que ele foi tão criticado dentro e fora dos Estados Unidos. No circuito doméstico, os comentários mais cáusticos partiram da deputada Alexandria Ocasio-Cortez, do mesmo partido de Biden e Harris: "Não faz sentido botar fogo na casa de alguém e depois reclamar que eles estão fugindo de lá", disse a deputada de origem porto-riquenha. "Além de serem os maiores responsáveis pelas emissões de CO_2 no continente, os Estados Unidos vêm desestabilizando a América Central há mais de um século", completou ela. Ocasio-Cortez observou ainda que pedir asilo político é uma forma "perfeitamente legal" de tentar entrar nos Estados Unidos, dando a entender que foi assim que o pai da própria vice-presidente chegou ao país.

Assim, talvez tivesse sido útil para Kamala Harris – com seu sangue mestiço e suas supostas ambições humanitárias – tomar contato com essa pequena bíblia de indignação, esse libelo acusatório, esse testemunho incendiário que o frei Bartolomé de

Las Casas redigiu há quase meio milênio e que segue tão atual, revelador e trágico como atual segue também a introdução que (apesar de mencionar as agora ultrapassadas telefotos e um tipo de jornalismo que caiu perigosamente em declínio com o advento das mídias sociais) mantém-se tão pertinente e perturbadora quanto no dia em que a redigi, há quase meio século.

Basta lê-la e, a seguir, mergulhar na denúncia magmática e irrefreável de Las Casas para perceber o tamanho da dívida que os velhos e novos conquistadores continuam tendo para com os povos indígenas do Novo Mundo, do Alasca à Patagônia. Uma forma de resgatá-la é sabendo como essa trágica história se iniciou, há mais de quinhentos anos, por meio da pena incandescente do assim chamado apóstolo dos índios.

Porto Alegre, inverno de 2021

PREFÁCIO À PRIMEIRA EDIÇÃO BRASILEIRA

O GENOCÍDIO DE ONTEM E HOJE

Eduardo Bueno

> "A terra queimará e haverá grandes círculos brancos no céu. A amargura surgirá e a abundância desaparecerá. A terra queimará e a guerra de opressão queimará. A época mergulhará em graves trabalhos. De qualquer modo, isso será visto. Será o tempo da dor, das lágrimas e da miséria. É o que está para vir."
>
> (Profecia maia do século XIII, encontrada no *Livro de Chilam Balam de Chumayel*)

Cadáveres alinhados em calçadas sujas manchadas de sangue. Alguns desses corpos, decapitados, pertencem muitas vezes a mulheres, velhos ou crianças. Os sobreviventes desapareceram na montanha ou na mata. Moscas zumbem em cidades mortas.

Eventualmente, surgem correspondentes internacionais. Anotam números, detalhes rápidos – seu relato será breve e impessoal. As telefotos transmitidas pela AP e UPI são editadas em cantos de página; nos noticiários das oito da noite na TV, as imagens não ficarão no ar por mais que dez segundos.

Mesmo em meio à desinformação e ao desinteresse, não é muito difícil perceber que a absoluta maioria daqueles mortos – espalhados sob o sol tropical, em alguma cidadezinha interiorana da América Central – são índios puros. Enterrados em covas coletivas anônimas e rasas, eles pertencem, em grande parte, ao grupo maia quiché – são descendentes diretos da civilização que floresceu nas florestas úmidas da Mesoamérica, entre 300 e 1200 da era cristã. Povo de astrônomos que penetrou nos segredos do Tempo, domesticou o milho e mantém ainda hoje inalterados alguns de seus hábitos milenares.

Povo que ao invés de luzir solene e altivo, envolto em trajes sagrados de pluma de quetzal, consegue lugar nas páginas da imprensa internacional na forma difusa de uma pilha de cadáveres.

No cenário político polarizado da América Central, envoltos pela truculência ancestral das oligarquias locais e pela arrogante política externa dos Estados Unidos, os confrontos armados de El Salvador, Guatemala e Honduras muitas vezes deixam de revelar uma de suas principais características: a de que se trata de uma guerra deliberadamente genocida.

O extermínio da população indígena – que, em certas áreas, chega a mais de oitenta por cento do total e é basicamente de origem maia – faz parte da estratégia geopolítica traçada para essa região conflagrada e populosa.

Os cavalos (enormes "veados sem chifres" que deixavam os espanhóis "da altura dos tetos"), as espadas e os cães assassinos (alguns tão adestrados na caça aos índios que deixaram seus nomes registrados na história, como os famosos Becerrillo e Leoncillo) foram substituídos por fuzis automáticos, helicópteros e assessores militares norte-americanos. Mas a guerra não convencional que eclode nas cidades, florestas e montanhas da América Central nada mais é do que uma herança direta da conquista espanhola, em versão anacrônica, mas igualmente sanguinária e preconceituosa.

Lamentavelmente, o nome do frei Bartolomé de Las Casas (1474-1566) continua praticamente desconhecido do grande público no Brasil. Por isso, a realidade da guerra suja de El Salvador e da Guatemala geralmente passa despercebida no país.*

---

* Rara exceção é o comentarista internacional Newton Carlos, que, em suas crônicas diárias publicadas pela grande imprensa, já estabeleceu o paralelo entre os massacres de hoje e os perpetrados pelos espanhóis no século XVI.

Penetrar nos livros doloridos e ousados de Las Casas permite identificar com clareza as raízes mais significativas dos confrontos na América Central.

Uma figura solene, túnica geralmente branca e olhar resplandecente, com uma oratória cáustica e um texto audaz e acusatório, admirado por todas as forças progressistas do continente, a imagem de Las Casas se mantém viva em toda a América Espanhola. Na própria Espanha, sua terra natal, a simples menção de seu nome ainda hoje é motivo para polêmica. No país onde os conquistadores são nomes de rua ou praças e onde muitas cidades possuem solenes estátuas de Hernán Cortez, a mera lembrança das palavras de Las Casas soa, em determinados círculos, como antipatriótica.

Apóstolo dos índios, "procurador e protetor universal de todos os povos indígenas", como se autodenominava, Bartolomé de Las Casas foi autor de dezenas de livros implacáveis onde narrou, com minúcia de detalhes, o macabro processo da conquista dos territórios do Caribe, América Central, México, Colômbia, Venezuela e Peru.

O mais famoso deles, justamente a *Brevísima relación de la destrucción de las Indias Occidentales*, foi lançado em 1552 e transformou-se imediatamente num best-seller, com várias e repetidas edições na Holanda, Inglaterra e Alemanha. A partir do livro criou-se a chamada *leyenda negra* – rótulo mordaz através do qual se propagou por todo o mundo protestante europeu a imagem dos espanhóis como um povo sanguinário, cruel e corrupto: analfabetos truculentos que se lançaram sobre o Novo Mundo como aves de rapina. Uma imagem que persistiu durante mais de um século, principalmente na Alemanha e na Holanda (independentemente das atrocidades que esses países vieram a cometer nas nações que colonizaram pouco mais tarde).

No texto pungente e emocionado da *Brevísima relación*, Las Casas, com audácia surpreendente, chama os conquistadores – que, na época, desfrutavam do auge do seu prestígio e fama – de "sujos ladrões", "tiranos cruéis", "sangrentos destruidores".

Surpreende a atualidade de Frei Bartolomé de Las Casas. Quase quinhentos anos depois, os episódios mais terríveis que descreve repetem-se diariamente sob o mesmo céu, entre as mesmas montanhas verdejantes e rios cristalinos – e são rotineiramente transmitidos pela televisão ou pelo relato desinteressado das agências internacionais. Os massacres comandados pelos espanhóis não diferem em nada dos organizados pelos esquadrões da morte a serviço da ultradireita – a não ser pela sofisticação incomparável das armas destes últimos. A ganância dos conquistadores é a mesma que obceca as 32 famílias que comandam o processo político em El Salvador ou o conselho diretivo da United Fruit Co., que possui 3 milhões de acres de terra na Guatemala e subemprega 90 mil camponesas indígenas.

"E hoje em dia, outra coisa não fazem senão matar, trucidar e torturar o povo desses países", escreve Las Casas na introdução da *Brevíssima relación*. Quatro séculos e meio depois, a frase dispensa retoques. A vida continua valendo pouco na terra que, ao descobrir, Colombo julgou ser o "Paraíso Terreal"...

Por essa atualidade e pelo próprio furor radical e libertário da obra de Las Casas, a L&PM Editores relança a *Brevíssima relação da destruição das Índias Ocidentais*. Publicada pela primeira vez no Brasil em 1944, em cuidadosa tradução de Heraldo Barbuy, esta nova edição da *Brevíssima relação*, rebatizada de *O paraíso destruído*, sai acrescida de notas, bibliografia, cronologia da vida de Las Casas e do processo da conquista da América.

Com o passar dos anos, o texto de Las Casas apenas se enriquece. Sua denúncia irada é o protesto ainda vivo de todos aqueles que conhecem a realidade, os verdadeiros motivos e as consequências aterrorizantes dos conflitos que explodem hoje na América Central.

A CONVERSÃO

"Com que direito haveis desencadeado uma guerra atroz contra essas gentes que viviam pacificamente em seu próprio país? Por que os deixais em semelhante estado de extenuação? Os matais a exigir que vos tragam diariamente seu ouro. Acaso não são eles homens? Acaso não possuem razão e alma? Não é vossa obrigação amá-los como a vós próprios? Podeis estar certos que, nessas condições, não tereis maiores possibilidades de salvação do que um mouro ou um turco..."

Foi um sermão histórico. De imediato, causou intensa emoção e profundo mal-estar. No último domingo de novembro de 1511, na pequena igreja de teto de palha, a primeira erguida na ilha Espanhola (hoje, São Domingos), o padre dominicano Antonio de Montesinos dava início a uma polêmica que se estenderia por mais de um século. Pela primeira vez na história do Novo Mundo, erguia-se, pública e deliberadamente, uma voz em defesa dos índios do Caribe – cujo processo de extinção, iniciado desde a segunda viagem de Colombo, em 1493, prosseguia aceleradamente. No domingo seguinte, mesmo ameaçado, Montesinos voltou à carga, com firmeza. Ao final do sermão, entretanto, concluiu desiludido: "Sou a voz que clama no deserto...".

Estava enganado. Entre os colonos que permaneciam sentados nos rústicos bancos de madeira da pequena igreja, estarrecidos e indignados, estava Bartolomé de Las Casas. As palavras ríspidas de Montesinos o chocaram profundamente. Estava começando ali a primeira fase de uma conversão que iria durar três anos – até 1514, quando Las Casas abriria mão de suas posses e *encomiendas** de índios dando a guinada que

---

* Desde os primeiros tempos da conquista, os índios da América Espanhola passaram a ser "encomendados" aos conquistadores e colonizadores para serem catequizados. O preço que deveriam pagar em troca dessa hipotética salvação era o trabalho intenso, constante e não remunerado em suas próprias terras – que já não mais lhes pertenciam. Até 1516, os índios eram outorgados em "encomendas", junto com sua descendência, pelo prazo de duas vidas: a do *encomendero* e a do herdeiro imediato; a partir de 1629, o regime estendeu-se por três vidas, e em 1704 chegou a quatro vidas nas localidades onde as *Nuevas Leyes*, sancionadas sob a pressão de Las Casas, não foram adotadas (informações citadas por Eduardo Galeano em *As veias abertas da América Latina*).

o transformaria numa das figuras mais importantes e polêmicas do século XVI.

Bartolomé de Las Casas nasceu em Sevilha, em 1474 (veja cronologia biográfica, no final do livro). Em abril de 1502, já formado em direito pela Universidade de Salamanca, embarcou para a América em companhia de Nicolás de Ovando. Em 1511, de regresso à ilha Espanhola, depois de uma estadia de quatro anos na Espanha, recebeu na localidade de Concepción de la Vega seu primeiro *repartimiento* de índios, tornando-se assim *encomendero*. Foi nessa condição que escutou o sermão de Antonio de Montesinos (cujos protestos, meses depois, foram calados por ordem do superior dominicano Alonso de Loayza).

Apesar de profundamente abatido pela prédica de Montesinos, Las Casas deu prosseguimento a sua vida de descobridor conquistador. Dois anos mais tarde, participou da conquista de Cuba, comandada por Diego Velázquez e Pánfilo de Narváez. Durante os combates, Narváez – segundo seu próprio depoimento, nas *Cartas de Relación* – mandou degolar sete mil índios nas proximidades de Caonao.* Depois dessa conquista, Las Casas recebeu novas porções de terra e outro *repartimiento* de índios, em Jaguá, Cuba. Foi durante sua residência de um ano na ilha que tomou a decisão de abandonar suas posses, seus lotes de escravos e consagrar sua vida à defesa dos indígenas do Novo Mundo.

---

* Anos mais tarde, na sua *Apologética história*, o próprio Las Casas descreveria o massacre: "No dia em que ali chegaram, os espanhóis pararam de manhã para o desjejum no leito seco de um riacho que ainda conservava algumas poças d'água, que estava repleto de pedras de amolar: o que lhes deu a ideia de afiar as espadas. Chegando à aldeia, alguns tiveram a ideia de verificar se as espadas estavam tão cortantes quanto pareciam. Um soldado, subitamente, desembainhou a espada (que parecia tomada pelo diabo), e imediatamente os outros fizeram o mesmo, e começaram a estripar, rasgar e massacrar aquelas ovelhas e aqueles cordeiros, homens e mulheres, crianças e velhos, que estavam sentados, tranquilamente, olhando espantados para os cavalos e para os espanhóis. Num instante, não restam sobreviventes de todos os que ali se encontravam e o sangue corria por toda a parte, como se tivessem matado um rebanho de vacas".

De 1514 até o ano em que morreu, em 1566, com 92 anos de idade, Las Casas levou adiante sua luta cada vez mais radical. Ardente e incansável, de temperamento combativo e turbulento, suas atitudes agitaram a metrópole e a colônia. Fez dezenas de denúncias, protestos, pedidos, exigindo que os indígenas fossem encarados como os verdadeiros *"poseedores y propietarios de aquellos reinos y tierras"*. Na prática, conseguiu duas vitórias que sempre considerou insuficientes: as Novas Leis promulgadas em 1542, que praticamente encerraram o sistema das *encomiendas*, e as doutrinas jurídicas expostas na Universidade de Salamanca pelo grande reformador da teologia Francisco de Vitória, que lhe garantiram a vitória legal da explosiva polêmica contra Juan Ginés de Sepúlveda, partidário da "servidão natural" dos índios da América.

A OBRA

"Dizem que era lindo vê-lo escrever, com sua túnica branca, sentado na cadeira de couro e tachas, com a mão fazendo dançar a pluma de ave, já que escrevia sempre devagar. De repente, levantava-se da cadeira, como se ela o queimasse: apertava a fronte com as mãos, andava por seu quarto em grandes passadas, o rosto atormentado, como padecendo de uma dor profunda. Era que estava escrevendo, em seu livro famoso sobre a *Destrucción de las Indias*, os horrores que viu nas Américas quando chegou a gente da conquista. Os olhos se incendiavam no rosto coberto de lágrimas..."

Assim o ensaísta e poeta cubano José Martí descreve Las Casas exercendo o que viria a se tornar sua atividade primordial: escrever. E Las Casas escreveu muito. Recentemente um de seus maiores biógrafos, o americano Lewis Hanke, publicou, junto com Manuel Jimenez Fernandéz, uma bibliografia completa contendo todos os seus livros, tratados, opúsculos, cartas e memoriais: o volume tem mais de quatrocentas páginas.

O principal livro de Las Casas possui um título tão extenso quanto as dimensões de sua obra: trata-se da famosa *Apologética historia sumaria cuanto a las cualidades, disposición, descripción, cielo y suelo destas tierras, y condiciones naturales, políticas, repúblicas, maneras de vivir y costumbres de las gentes destas Indias Occidentales y Meridionales, cuyo imperio soberano pertence a los reyes de Castilla*, comumente conhecida apenas por *Apologética história*.

Nessa obra, o plano de Las Casas era descrever os acontecimentos registrados na América desde a descoberta, em 1492, até o ano de 1550, em seis décadas; mas foi posteriormente modificado, indo somente até 1520. A maior parte é dedicada aos primeiros oito anos, com grande ênfase nas viagens de Colombo (cujos diários – publicados pela L&PM Editores – chegaram até nós graças a cópias feitas pelo próprio Las Casas, de quem o almirante fora amigo íntimo). Iniciada em 1527, na ilha Espanhola, a *Apologética história* só foi terminada em 1562, 35 anos mais tarde, no Monastério de São Gregório, em Valladolid, na Espanha. A longa elaboração, é claro, prejudicou a unidade da obra.

"Na verdade, trata-se de um mosaico", comenta Lewis Hanke. "À medida que chegavam às mãos do autor, novos documentos e ideias eram incorporados ao livro. Contudo, por mais confusa que possa parecer, a obra tem uma diretriz clara e discernível, que jamais se perde."

A verdade é que tudo que Las Casas escreveu – desde um pequeno memorial enviado de Espanha em 1516 até o tratado sobre *Os tesouros do Peru*, redigido em 1563 – manteve uma linha básica: alertar a Espanha e o resto da Europa para as injustiças e atrocidades que se cometiam no Novo Mundo.

Sua tese era simples, direta: para ele, como para Michel de Montaigne, a América era "a mais bela e rica parte do mundo", uma reminiscência do paraíso terrestre, e os índios, seus habitantes, "seres humanos inteligentes, audazes e belos". Em sua opinião extremada, garantia poder assegurar "com certeza e sem medo de errar que os espanhóis jamais tiveram uma guerra justa contra os índios", senão que eram todas provocadas "pela ganância, luxúria e cegueira desses cruéis conquistadores". Não só os massacres, mas também a terra roubada e usurpada, o trabalho estafante e obrigatório ao qual os indígenas eram forçados indignavam profundamente Las Casas. Em resumo, era contrário à instauração dessa nova espécie de feudalismo naquelas terras paradisíacas. E assim se manteve, por toda a vida.

Impressiona em Las Casas a unidade de sua vida, do homem e da obra. Não se desvia um momento sequer da linha que estabeleceu para sua existência; não modifica suas ideias básicas, que são poucas mas pensadas e vividas com ardência e sinceridade. A sua obra, tão volumosa e densa, se desenvolve e se completa dentro de uma efetiva unidade e espírito. É verdadeiramente admirável a constância do homem que abraçou um propósito, um ideal, e dele não mais se afasta. Possuído de um sonho – a justiça para os índios –, fez disso a razão de sua vida. Não esmorecia ante sarcasmos, ameaças ou perseguições. Sempre falando, escrevendo, denunciando. Em 1511, após a crise, resolve consagrar a vida à defesa dos naturais. E cinquenta anos depois, no testamento preparado dois anos antes de morrer, a 17 de março de 1564, com noventa anos de idade, insistia Las Casas nos direitos dos índios e na crueldade dos espanhóis. E declarava, no tom vigoroso que lhe era próprio: *"creo que por estas impías y celerosas e ignominiosas obras, tan injusta, tiránica y barbáricamente hechos en ellas y contra ellas, Dios ha de derramar sobre España su furor e ira"*.*

Ao escrever sua obra densa e complexa, Las Casas tinha três principais objetivos, que cita no início de sua *Apologética história*:

---

* João Francisco Ferreira, *in* "Fragmentos de Cortés, Bernal, Las Casas e Garcilaso".

– *Para la felicidad temporal y eterna de todos los pueblos del Nuevo Mundo – si no eran destruidos antes de que a* Historia *estuviera terminada.*

– *Para librar a su nación del gravísimo error de creer que los indígenas del Nuevo Mundo no son hombres, pues los españoles los han considerado como "brutales bestias incapaces de virtud y doctrina", y consecuentemente, han corrompido las buenas costumbres que tenían los indios y han aumentado el mal entre éstos.*

– *Para dar una descripción verdadera de las virtudes y pecados de los españoles en Indias.*

O HOMEM

"Quantas cidades arrasadas, quantas nações exterminadas, quantos milhões de povos passados a fio de espada, e a mais rica e bela parte do mundo transtornada pela negociação de pérolas e de pimenta: vitórias mecânicas. Nunca a ambição, nunca as inimizades incitaram os homens uns contra os outros a tão horríveis hostilidades e a calamidades tão miseráveis quanto nesse novo mundo que o nosso acaba de descobrir...", escreveu o filósofo Michel de Montaigne (*Ensaios*, III, 6) – e seus principais biógrafos não deixam de notar aqui uma influência direta dos livros de Bartolomé de Las Casas.

Objetivamente, os escritos do frei Bartolomé de Las Casas contribuíram mais do que qualquer outra história para forjar a opinião mundial sobre a conquista espanhola. E não era outra sua intenção. Desde que começou a relatar com detalhes os horrores da colonização das terras recém-descobertas, ele jamais se afastou do seu objetivo: deixar para a posteridade o relato "verdadeiro" da conquista da América. "Escrevo apenas o que vi, ou o que fui informado por fontes seguras, escritas ou orais", repete muitas vezes Las Casas.

Afinal, que personalidade se esconde atrás do homem cujo trabalho – libertário e progressista – tornou-se peça fundamental para a moderna compreensão de um episódio histórico da importância da conquista da América e consequente destruição das civilizações inca, maia e asteca?

"Não era um santo, mas sim um político cristão de grande envergadura e um teólogo-jurista brilhante e audaz, ávido de influência e ação", assegura Marcel Bataillon, autor de um dos mais brilhantes ensaios sobre Las Casas.

"Ao contrário do que se possa imaginar", completa o historiador Pierre Chaunu, "esse homem intrépido que durante cinquenta anos de sua vida iria lutar pela justiça era o extremo oposto do idealista ou do sonhador. Realista apaixonado, foi, antes de tudo, um homem de ação. E mesmo como homem de negócios, jamais fracassou. Quando renunciou a tudo, a fortuna lhe sorria e ele amava a vida..."

No entanto, o traço da personalidade de Las Casas que é mais conhecido e comentado é a sua radicalidade, sua intransigência inabalável. Por que era ele tão radical quanto afirmam seus contemporâneos? "Era radical porque acreditava no apostolado e não na conquista", afirma o historiador Alonzo Imbert. "Na opinião dele, a Espanha só poderia justificar sua ação na América caso cumprisse a missão de conduzir os índios à fé cristã. Pois não a concedera Deus ao papa, e este não dera ao rei tão gloriosa tarefa? Para Las Casas qualquer afastamento dessa determinação divina era inaceitável. Assim, ao perceber que os espanhóis haviam atraiçoado a alta missão que lhes fora confiada, voltando-se avaramente para as riquezas das novas terras descobertas, sem medir os meios, praticando contra o pobre e indefeso gentio toda a sorte de crimes e barbaridades, se lhe acendeu a ira, encolerizou-se, lançando sobre os traidores duras e terríveis admoestações."

"O que lhe comoveu em 1514, precipitando sua conversão, não foi tanto o fato de que os índios morressem sob a dominação espanhola, mas sim que perecessem por culpa daqueles que deveriam ser os maiores interessados em sua conversão", comenta Marcel Bataillon.

Las Casas, de início, não condenava o sistema colonial. Apaixonadamente desejava, apenas, modificá-lo. E foram os imensos obstáculos que encontrou nesse propósito que o levariam, em 1522, depois do fracasso de duas de suas principais tentativas, a adotar posições cada vez mais radicais, que o impulsionaram em direção à mais completa intransigência.

A primeira grande decepção de Las Casas deu-se em 1517, no chamado Interrogatório Jeronímico. Em abril de 1516, em Madri, Las Casas apresentou ao cardeal Jiménez de Cisneros e a Adriano de Utrecht (governadores regentes na ausência do rei) dois memoriais em favor dos índios de Espanhola e denunciando os colonos. Formou-se então uma Junta para discutir a questão. Como resultado das deliberações, Cisneros decidiu enviar três freis jerônimos para Espanhola, onde eles organizariam o tribunal para entrevistar alguns índios e decidir se eles "tinham condições de viver por si sós, como camponeses de Castela". Deveriam concluir a qual das duas categorias, correntes na época, os índios pertenciam: o "nobre selvagem" ou o "cão imundo".* Ao final de quase dois anos de investigações, o tribunal jeronímico concluiu que os índios não tinham condições de viverem livres e confinou grande parte deles em vilas ou "reduções", onde, vítimas de varíola, a maioria sucumbiu poucos meses mais tarde.

A segunda derrota de Las Casas deu-se em 1520: foi o fracasso de seu projeto de colonização pacífica, em Cumaná, na Venezuela, onde ele tentou substituir conquistadores e colonos por camponeses recrutados na Espanha. Quando o projeto fracassou – bloqueado pela burocracia e pela falta de verbas –, Las Casas indignou-se. Um ano mais tarde, começou a redigir a

---

* Aqui é preciso notar que a bula emitida pelo papa Paulo III declarando que os índios eram "verdadeiros homens" e que, portanto, "possuíam alma" data de fins de 1537.

Brevísima relación, que se tornaria um dos livros mais polêmicos de todos os tempos.

A POLÊMICA

"O almirante Colombo encontrou, quando descobriu esta ilha de Espanhola, um milhão de índios e índias [...] dos quais, e dos que nasceram então, não creio que estejam vivos, no presente ano de 1535, quinhentos, incluindo tanto crianças como adultos, que sejam naturais, legítimos e da raça dos primeiros índios [...] Alguns fizeram esses índios trabalhar excessivamente. Outros não lhes deram nada para comer, como bem lhes convinha. Além disso, as pessoas desta região são naturalmente tão inúteis, corruptas, de pouco trabalho, melancólicas, covardes, sujas, de má condição, mentirosas, sem constância e firmeza que vários índios, por prazer e passatempo, deixaram-se morrer com veneno para não trabalhar. Outros se enforcaram pelas próprias mãos. E quanto aos outros, tais doenças os atingiram que em pouco tempo morreram... Quanto a mim, eu acreditaria antes que Nosso Senhor permitiu, devido aos grandes, enormes e abomináveis pecados dessas pessoas selvagens, rústicas e animalescas, que fossem eliminadas e banidas da superfície terrestre..."

Gonzalo Fernández de Oviedo

Se conseguiu alguns aliados e adeptos em sua campanha de mais de cinquenta anos a favor dos direitos dos índios, Las Casas teve que enfrentar incontáveis inimigos. Dois dos mais destacados: o historiador oficial da conquista, Gonzalo Fernández de Oviedo, autor da famosa *Historia general y natural de las Indias*, e Juan Ginés de Sepúlveda, também historiador e partidário da teoria aristotélica da "servidão natural" dos povos "inferiores". Com ele Las Casas travou uma polêmica de tal dimensão que exigiu a interferência da maior autoridade moral do Ocidente: a Igreja Católica. Uma polêmica que terminou no banco dos tribunais, em Valladolid, na Espanha. Os grandes debates judiciais prolongaram-se por três anos, de 1547 a 1550 – em certa ocasião, Las Casas depôs durante cinco dias ininterruptos – e terminaram com a ampla vantagem da tese libertária de Las Casas, já que o teólogo tomista e titular da cátedra de direito da Universidade de Salamanca, Francisco de Vitória, considerado "uma das mentes mais extraordinariamente dotadas de sua época" e coordenador dos debates, concluiu que os índios não poderiam ser escravizados e eram os autênticos possuidores das terras descobertas.

Alguns dos depoimentos a esse tribunal ficaram famosos. O de Sepúlveda, por exemplo: "[...] e é por isso que as feras são domadas e submetidas ao império do homem. Por essa razão, o homem manda na mulher; o adulto, na criança; o pai, no filho: isso quer dizer que os mais poderosos e os perfeitos dominam os mais fracos e os mais imperfeitos. Constata-se essa mesma situação entre os homens; pois há os que, por natureza, são senhores e os que, por natureza, são servos. Os que ultrapassam os outros pela prudência e pela razão, mesmo que não os dominem pela força física, são, pela própria natureza, os senhores; por outro lado, os preguiçosos, os espíritos lentos, mesmo quando têm a força física para realizar todas as tarefas necessárias, são, por natureza, servos. E é justo e útil que sejam servos, e vemos que isso é sancionado pela própria lei divina. Pois está escrito no livro dos provérbios: 'O tolo servirá ao sábio'. Assim são as nações bárbaras e desumanas, estranhas à vida civil e aos costumes pacíficos. E sempre será justo e de acordo com o direito natural que essas pessoas sejam submetidas ao império de príncipes e de nações mais cultivadas e humanas, de modo que, graças à virtude dos últimos e à prudência de suas leis, eles abandonam a barbárie e se adaptam a uma vida mais humana e ao culto da virtude. E se recusam esse império, é permissível impô-lo por meio das armas e tal guerra será justa, assim como o declara o direito natural [...]. Concluindo: é justo, normal e de acordo com a lei natural que todos os homens probos, inteligentes, virtuosos e humanos dominem todos os que não possuem essas virtudes".

Os argumentos de Sepúlveda, entretanto, foram derrubados pelo juiz dos debates, Francisco de Vitória, em seu veredicto definitivo: "De tudo o que foi dito, concluiu-se que, sem dúvida alguma, os bárbaros tinham, assim como os cristãos, um poder verdadeiro tanto público como privado. Nem os príncipes, nem os cidadãos poderiam ser despojados de seus bens sob o pretexto de que não possuíam verdadeiro poder. Seria inadmissível recusar àqueles que nunca cometeram injustiças o que concedemos aos sarracenos e aos judeus, inimigos eternos da religião cristã. Reconhecemos, de fato, a esses últimos um poder verdadeiro sobre seus bens, exceto quando se apossaram de territórios cristãos.

"Resta responder ao argumento segundo o qual os bárbaros são escravos por natureza, sob o pretexto de que eles não são suficientemente inteligentes para se governarem a si próprios. A esse argumento eu respondo que Aristóteles certamente não quis dizer que os homens pouco inteligentes sejam, por natureza, submetidos ao direito de um outro e não tenham nenhum poder sobre si próprios nem sobre as coisas exteriores. O que Aristóteles, na verdade, quis dizer é que certos homens são chefes por natureza, a saber, aqueles que brilham pela inteligência. Ora, ele certamente não quer dizer que esses homens podem tomar em mãos o governo dos outros, sob o pretexto de serem mais sábios. Se há homens pouco inteligentes por natureza, Aristóteles não quer dizer que seja permitido apropriar-se de seus bens e de seu patrimônio, escravizá-los e pô-los à venda. Assim, admitindo que esses bárbaros sejam tão tolos e obtusos como dizem, nem por isso se lhes deve recusar um poder verdadeiro e nem se deve contá-los entre os escravos legítimos".

A decisão histórica de Francisco de Vitória, entretanto, chegara tarde demais. Em 1550, mais de noventa por cento da população indígena do Caribe já estava exterminada.

Em 1556, o uso das palavras *conquista* e *conquistadores* foi proibido por determinação legal. Elas deveriam ser substituídas por *descobrimento* e *colonos*. A confissão é enorme. Entretanto, o historiador Ruggiero Romano questiona: "Com essa proibição, a conquista acabou verdadeiramente? A fase de colonização é diferente da conquista? Os conquistadores realmente desapareceram depois da metade do século XVI, ou a conquista prolongou-se através dos séculos até os nossos dias? Na verdade, o que aconteceu é que o mecanismo empreendido para o extermínio dos indígenas simplesmente agora atingiu certa 'perfeição' graças aos meios técnicos atuais: rajadas de metralhadoras e bombardeios aéreos, distribuição de alimentos e roupas previamente infectadas por micróbios, bombons envenenados... História de ontem, história de há quatro séculos, história de hoje...".

1984

INTRODUÇÃO

A Destruição das Índias Ocidentais

E ainda hoje em dia, outra coisa não fazem ali senão despedaçar, matar, afligir, atormentar e destruir esse povo...

As Índias foram descobertas no ano de 1492 e povoadas pelos espanhóis no ano seguinte. A primeira terra em que entraram para habitá-la foi a grande e mui fértil ilha Espanhola*; essa ilha tem seiscentas léguas de circuito. Há ao redor dela e nos seus confins outras grandes e infinitas ilhas que vimos povoadas e cheias de seus habitantes naturais, o mais que o possa ser qualquer outro país no mundo. A terra firme, que está desta ilha a uma distância de 250 léguas ou mais, tem de costa marítima mais de dez mil léguas já descobertas e outras se descobrem todos os dias, todas cheias de gente como um formigueiro de formigas. De tal modo que Deus parece ter colocado nesse país o abismo ou a maior quantidade de todo o gênero humano.

Deus criou todas essas gentes infinitas, de todas as espécies, mui simples, sem finura, sem astúcia, sem malícia, mui obedientes e mui fiéis a seus Senhores naturais e aos espanhóis a que servem; mui humildes, mui pacientes, mui pacíficas e amantes da paz, sem contendas, sem perturbações, sem querelas, sem questões, sem ira, sem ódio e de forma alguma desejosos de vingança. São também umas gentes mui delicadas e ternas; sua compleição é pequena e não podem suportar trabalhos; e morrem logo de

---

* Hoje, República Dominicana.

qualquer doença que seja. De sorte que mesmo os filhos de Príncipes e Senhores, entre nós nutridos com todas as comodidades, cuidados e delícias, não são mais sensíveis que esses, inda que sejam filhos de lavradores. São gente pobre, que possui poucos bens temporais, nem mesmo são soberbos, nem ambiciosos, nem invejosos. Seu trajo é estarem comumente nus e cobertas somente as partes vergonhosas e mesmo quando se cobrem muito não usam mais que um manto de algodão da medida de um antebraço e meio ou de dois antebraços de tela em quadrado. Dormem sobre uma rede trançada; e mesmo os que têm mulher dormem sobre uma rede presa pelos quatro cantos e que na língua da ilha Espanhola se chama *Hamaças*. Têm o entendimento mui nítido e vivo; são dóceis e capazes de toda boa doutrina. São muito aptos a receber nossa santa Fé Católica e a serem instruídos em bons e virtuosos costumes, tendo para tanto menos empecilhos que qualquer outra gente do mundo. E tanto que começaram a apreciar as cousas da Fé são inflamados e ardentes, por sabê-las entender; e são assim também no exercício dos Sacramentos da Igreja e no serviço divino que verdadeiramente até os religiosos necessitam de singular paciência para suportar. E, para terminar, ouvi dizer a diversos espanhóis que não podiam negar a bondade natural que viam neles. Como essa gente seria feliz se tivesse o conhecimento do verdadeiro Deus!

Sobre esses cordeiros tão dóceis, tão qualificados e dotados pelo seu Criador como se disse, os espanhóis se arremessaram no mesmo instante em que os conheceram; e como lobos, como leões e tigres cruéis, há muito tempo esfaimados, de quarenta anos para cá, e ainda hoje em dia, outra cousa não fazem ali senão despedaçar, matar, afligir, atormentar e destruir esse povo por estranhas crueldades (como vos farei ver depois); de tal sorte que de três milhões de almas que havia na ilha Espanhola e que nós vimos, não há hoje de seus naturais habitantes nem duzentas pessoas. A ilha de Cuba, que tem de comprimento a distância que vai de Valladolid a Roma, está hoje como deserta. A ilha de São

João e a de Jamaica, ambas muito grandes e muito férteis, estão desoladas. As ilhas Lucaias, que são vizinhas à ilha Espanhola e à ilha de Cuba pela parte do Norte, mais de sessenta ilhas, incluindo as que são chamadas as ilhas dos Gigantes e outras ilhas, grandes e pequenas, das quais a pior é mais fértil que o Jardim do Rei em Sevilha, sofreram mais crueldades do que se possam descrever; e de quinhentas mil pessoas que havia nessas ilhas, não há hoje uma única criatura; a maior parte foi morta ou tirada dali para trabalhar nas minas da ilha Espanhola onde não havia ficado nenhum dos naturais. Indo um navio, por espaço de três anos, por todas essas ilhas para – depois de feitas aquelas pilhagens – recolher a gente que ali restasse, foi um cristão, movido de piedade e da compaixão de converter e ganhar a Jesus Cristo aqueles que ali se encontrassem: mas, como resto de tantos povos, não se encontraram mais que onze pessoas, as quais eu vi. Outras tantas ilhas, que são mais de trinta, e que encerram mais de duas mil léguas de terra, foram do mesmo modo despovoadas e perdidas.

Quanto à grande terra firme, estamos certos de que nossos espanhóis, por suas crueldades e execráveis ações, despovoaram e desolaram mais de dez Reinos, maiores que toda a Espanha, nela compreendidos Portugal e Aragão; tal é uma região duas vezes maior que a distância que vai de Sevilha a Jerusalém, que são mais de mil léguas de reinos que permanecem ainda hoje em total desolação e que todavia foram antes tão povoados quanto possível.

Podemos dar conta boa e certa que em quarenta anos, pela tirania e diabólicas ações dos espanhóis, morreram injustamente mais de doze milhões de pessoas, homens, mulheres e crianças; e verdadeiramente eu creio, e penso não ser absolutamente exagerado, que morreram mais de quinze milhões.

Aqueles que foram da Espanha para esses países (e se têm na conta de cristãos) usaram de duas maneiras gerais e principais para extirpar da face da terra aquelas míseras nações. Uma foi a guerra injusta, cruel, tirânica e sangrenta. Outra foi matar todos aqueles que podiam ainda respirar ou suspirar e pensar em recobrar a liberdade ou subtrair-se aos tormentos que suportam, como fazem todos os Senhores naturais e os homens valorosos e fortes; pois comumente na guerra não deixam viver senão as crianças e as mulheres: e depois oprimem-nos com a mais horrível e áspera servidão a que jamais se tenham submetido homens ou animais. A essas duas espécies de tirania diabólica podem ser reduzidas e levadas, como subalternas do mesmo gênero, todas as outras inumeráveis e infinitas maneiras que se adotam para extirpar essas gentes.

    A causa pela qual os espanhóis destruíram tal infinidade de almas foi unicamente não terem outra finalidade última senão o ouro para enriquecer em pouco tempo, subindo de um salto a posições que absolutamente não convinham a suas pessoas; enfim, não foi senão sua avareza que causou a perda desses povos, que por serem tão dóceis e tão benignos foram tão fáceis de subjugar; e quando os índios acreditaram encontrar algum acolhimento favorável entre esses bárbaros, viram-se tratados pior que animais e como se fossem menos ainda que o excremento das ruas; e assim morreram, sem Fé e sem Sacramentos, tantos milhões de pessoas. Isso eu posso afirmar como tendo visto e é cousa tão verdadeira que até os tiranos confessam que jamais os índios causaram desprazer algum aos espanhóis, que os consideraram como descidos do céu até o momento em que eles, ou seus vizinhos, provaram os efeitos da tirania.

CAPÍTULO 1

DA ILHA ESPANHOLA

Entravam nas vilas, burgos e aldeias não
poupando nem crianças e homens velhos,
nem mulheres grávidas e parturientes e
lhes abriam o ventre e faziam em pedaços.

Na ilha Espanhola, que foi a primeira, como se disse, a que chegaram os espanhóis, começaram as grandes matanças e perdas de gente, tendo os espanhóis começado a tomar as mulheres e filhos dos índios para deles servir-se e usar mal e a comer seus víveres adquiridos por seus suores e trabalhos, não se contentando com o que os índios de bom grado lhes davam, cada qual segundo sua faculdade, a qual é sempre pequena porque estão acostumados a não ter de provisão mais do que necessitam e que obtêm com pouco trabalho. E o que pode bastar durante um mês para três lares de dez pessoas, um espanhol o come ou destrói num só dia. Depois de muitos outros abusos, violências e tormentos a que os submetiam, os índios começaram a perceber que esses homens não podiam ter descido do céu. Alguns escondiam suas carnes, outros suas mulheres e seus filhos e outros fugiam para as montanhas a fim de se afastar dessa Nação. Os espanhóis lhes davam bofetadas, socos e bastonadas e se ingeriam em sua vida até deitar a mão sobre os senhores das cidades. E tudo chegou a tão grande temeridade e dissolução que um capitão espanhol teve a ousadia de violar pela força a mulher do maior rei e senhor de toda esta ilha. Cousa essa que desde esse tempo deu motivo a que os índios procurassem meios para lançar os espanhóis fora de suas terras e se pusessem em armas: mas que armas? São tão fracos e de tão poucos expedientes que suas guerras não são mais que brinquedos de crianças que jogassem com canas ou instrumentos frágeis. Os espanhóis, com seus cavalos, suas espadas e lanças, começaram a praticar crueldades estranhas; entravam nas vilas, burgos e aldeias, não poupando nem as crianças e os homens velhos, nem as mulheres grávidas e parturientes e lhes abriam o ventre e as faziam em pedaços como se estivessem golpeando cordeiros fechados em seu redil. Faziam apostas sobre quem, de um só golpe de espada, fenderia e abriria um homem pela metade, ou quem, mais habilmente e mais destramente, de um só golpe lhe cortaria a cabeça, ou ainda sobre quem abriria melhor as entranhas de um homem de um só golpe. Arrancavam os filhos dos seios da mãe e lhes esfregavam a cabeça contra os rochedos enquanto outros os lançavam à água dos córregos rindo e caçoando, e quando estavam na água gritavam: move-te, corpo de tal?! Outros, mais furiosos, passavam mães e filhos a fio de espada. Faziam certas forcas longas e baixas, de modo que os pés tocavam quase a terra, um para cada treze, em honra e reverência de Nosso Senhor e de seus doze Apóstolos (como diziam) e deitando-lhes fogo, queimavam vivos todos os que ali estavam presos. Outros, a quem quiseram deixar vivos, cortaram-lhes as duas mãos e assim os deixavam; diziam: Ide com essas cartas levar as notícias aos que fugiram para as montanhas. Dessa maneira procediam comumente com os nobres e os senhores; faziam certos gradis sobre garfos com um pequeno fogo por baixo a fim de que, lentamente, dando gritos e em tormentos infinitos, rendessem o espírito ao Criador.

Eu vi uma vez quatro ou cinco dos principais senhores torrando-se e queimando-se sobre esses gradis e penso que havia ainda mais dois ou três gradis assim aparelhados; e pois que essas almas expirantes davam grandes gritos que impediam o capitão de dormir, este último ordenou que os estrangulassem; mas o sargento, que era pior que o carrasco que os queimava (eu sei seu nome e conheço seus parentes em Sevilha), não quis que fossem estrangulados e ele mesmo lhes atochou pelotas na boca a fim de que não gritassem, e atiçava o fogo até que ficassem torrados inteiramente e a seu bel-prazer. Eu vi as cousas acima referidas e um número infinito de outras; e pois que os que podiam fugir ocultavam-se nas montanhas a fim de escapar a esses homens desumanos, despojados de qualquer piedade, ensinavam cães a fazer em pedaços um índio à primeira vista. Esses cães faziam grandes matanças e como por vezes os índios matavam algum, os espanhóis fizeram uma lei entre eles, segundo a qual por um espanhol morto faziam morrer cem índios.

CAPÍTULO 2

Dos Reinos que Havia na Ilha Espanhola

Os espanhóis nunca tiveram nenhuma guerra justa contra os índios. Todas foram diabólicas e muito injustas, mais do que as de qualquer tirano que exista no mundo.

Havia nessa ilha Espanhola cinco grandes reinos principais e cinco reis mui poderosos aos quais obedeciam quase todos os outros senhores que eram inumeráveis. Havia também alguns senhores de províncias separadas que não reconheciam por superior a nenhum desses reis. Um reino havia que se chamava de Magua que é o mesmo que dizer o Reino da Planície. Essa planície é uma das coisas mais assinaladas e admiráveis que haja no mundo, pois contém oitenta léguas da região, desde o mar do Sul até o mar do Norte, tendo de largura cinco léguas e por vezes oito ou dez. Tem de um lado e outro montanhas mui altas; mais de trinta mil ribeiras e riachos entram nela, dos quais doze são tão grandes como o Ebro, o Duero e o Guadalquivir. E todas as ribeiras que saem duma montanha na direção do Ocidente, e que são vinte e cinco mil, são mui ricas em ouro; nessa montanha está contida a província de Cibao, que é donde vem esse ouro raro e fino de 24 quilates que é tão famoso por aqui. O rei e senhor desse reino era chamado Guarionex e tinha sob seu domínio vassalos e senhores tão poderosos que cada qual deles podia dar dezesseis mil homens de guerra para o serviço de seu rei; senhores esses dos quais eu conheci alguns. Esse Guarionex era muito obediente e virtuoso, de seu natural pacífico e afeiçoado à devoção dos Reis de Castela, e por sua ordem sua gente dava (cada um dos que tinham casa) um sino cheio de ouro; mas pouco depois, como não tinham indústria para extrair o ouro das minas, não deram mais que o sino cheio pela metade. Esse cacique propôs ao Rei de Castela servi-lo com fazer lavrar as terras desde a Isabel, onde primeiramente haviam estado os espanhóis, até a vila de São Domingos, que são cinquenta léguas bem grandes, desde que não se lhe pedisse mais ouro; pois, dizia ele, seus súditos não sabiam extraí-lo. Estou certo de que a lavoura que se propunha mandar fazer teria valido anualmente ao Rei de Castela mais de três milhões de castelhanos e teria sido causa de que houvesse agora nessa ilha mais de cinquenta cidades maiores que Sevilha.

O pagamento que recebeu esse bom Rei por tão boa vontade foi que um capitão, mau cristão, o desonrou na pessoa de sua mulher, violando-a. Esse pobre príncipe teria bem tido forças para se vingar, mas preferiu retirar-se para a província dos Ciguayos, onde havia um grande senhor seu vassalo e lá, na sua aflição, esperar o fim de seus dias. Os espanhóis, havendo sabido o seu exílio e assegurando-se do lugar em que estava, começaram uma guerra contra o senhor que o havia recebido em sua casa, matando e saqueando tudo; enfim, entre tantas desordens esse infeliz príncipe foi encontrado preso, acorrentado e aferrolhado num navio para ser conduzido a Castela; mas o navio pereceu no mar, assim como todos os que nele estavam. Eis como Deus se vinga de tantas enormidades.

Outro reino era o que se chamava do Marien, onde hoje está o porto numa das extremidades da planície para a direção do Norte, e esse reino é maior que o de Portugal, muito mais fértil e digno de ser habitado, tendo grandes montanhas e minas de ouro e de cobre mui ricas. O rei se chamava Guacanagari e tinha sob seu domínio muitos grãos-senhores, dentre os quais eu vi e conheci diversos. Ao país desse rei chegou primeiramente o velho Almirante e foi por ele mui humanamente recebido com todos os espanhóis que estavam em sua companhia e ouvi dizer ao Almirante que não teria podido receber mais honras em seu país.

Esse rei morreu fugindo às matanças e crueldades dos espanhóis e todos os seus senhores e súditos morreram na escravidão que será referida abaixo.

O terceiro reino e senhorio era Maguana, que era também um país admirável, mui fértil e salubre e onde se faz hoje o melhor açúcar dessa ilha. O rei desse país se chamava Gonabo e sobrepujava a todos os outros em força e em estado, em gravidade e em cerimônias de seu serviço. Os espanhóis se apoderaram desse rei com grande sutilidade e astúcia enquanto ele estava em sua casa sem suspeitar de nada. Depois o meteram num navio para o levar a Castela: mas estando no porto os navios, prontos para se fazerem à vela, Deus por seu justo julgamento fez ver que essa injustiça não lhe agradava e enviou nessa noite uma tempestade que submergiu e abismou todos esses navios com os espanhóis que neles estavam. E assim morreu esse pobre príncipe, carregado de ferros e de cadeias. Tinha três irmãos tão valorosos como ele e que, vendo a perda do rei seu irmão, se puseram em armas contra a Espanha, mas os espanhóis, sabendo seu desígnio, vieram-lhes ao encontro com certos cavalos (que são as armas mais perigosas que possam existir para os índios) e fizeram tal carnificina que a metade desse reino ficou por ela arruinada e despovoada.

O quarto reino é o que se chama de Xaraguá; este reino era como o centro ou o meio e por assim dizer como a Corte de toda esta ilha, de todos o mais bem governado e onde a nobreza gozava de boa reputação. O rei se chamava Bechechio e tinha uma irmã chamada Anacaona. Ambos, irmão e irmã, prestaram grandes serviços ao rei de Castela e aos espanhóis, libertando-os de muitos perigos de morte. Após a morte de Behechio, Anacaona ficou como única soberana do reino; então, o governador dessa ilha, havendo entrado nesse reino com homens a pé e a cavalo, começou a destruir tudo; tendo chamado mais de trezentos senhores dessa província, fez encerrar os maiores numa casa de palha e ao mesmo tempo fez incendiá-la de sorte que foram todos queimados vivos. Todos os outros senhores e grande quantidade de povo foram mortos a golpes de lança e de espada. E a soberana Anacaona, para lhe prestar homenagem, enforcaram-na. Alguns espanhóis, ou por piedade ou por avareza, haviam retido jovens para servir de pajens, a fim de que não fossem mortos, e os haviam colocado na garupa de seus cavalos, mas no mesmo instante outro espanhol vinha por detrás e os atravessava com uma lança. Alguns desses índios passaram a outra pequena ilha a fim de evitar tantas crueldades: mas o Governador condenou todos esses a serem escravos pelo resto de seus dias.

O quinto reino era chamado Higuey, governado por uma rainha chamada Higuanama, a qual os espanhóis enforcaram e em seguida queimaram uma infinidade de pessoas e fizeram grande número de escravos. E pois que há certas particularidades nesses fatos, que não se poderiam facilmente compreender, eu direi (como quem o diz diante de Deus) de tantas iniquidades e tiranias que os índios nunca deram motivo aos espanhóis para tratá-los de tal maneira. O que digo bem claro é que posso crer e conjeturar que enquanto tão grande número de gente foi morta e exterminada, não cometeram os índios contra os espanhóis um só pecado mortal que fosse passível de pena pelos homens. O mesmo digo quanto aos pecados cuja punição é reservada a Deus, como o desejo de vingança, o ódio e a ira que podiam ter essas gentes contra inimigos tão mortais como lhes eram os espanhóis. E sei como certo que os índios sempre tiveram mui justo motivo de guerra contra os espanhóis e que os espanhóis nunca tiveram nenhuma guerra justa contra os índios senão que foram todas guerras diabólicas e muito injustas, mais que as que se possam atribuir a qualquer tirano que exista no mundo. E o mesmo afirmo a respeito de muitas outras cousas que fizeram por todas essas Índias.

Estando as guerras terminadas e mortos todos os homens, eram comumente reservadas às pessoas jovens, às mulheres e às crianças, que distribuíam entre si, dando a um trinta, a outro quarenta, a outro cem ou duzentos, segundo o favor do tirano-

-mor a quem chamavam de Governador: davam-nos comumente aos espanhóis sob a condição de lhes ensinarem a Fé Católica, sendo que essas pessoas que tomavam a si próprias o encargo das almas eram geralmente indivíduos idiotas, homens cruéis, muito avaros e viciados. O cuidado que tomavam com os índios consistia em enviar os homens para as minas a fim de os fazer extrair o ouro, o que é um trabalho intolerável, e as mulheres metiam-nas a trabalhar nos campos, lavrando e cultivando as terras, o que é um grande trabalho até mesmo para homens fortes e robustos. A eles e a elas não lhes davam a comer senão ervas e cousas semelhantes, sem substância alguma: de tal sorte que o leite secava nos seios das mães e assim em pouco tempo morriam todas as criancinhas. E em virtude de estarem os maridos separados, não coabitando com suas mulheres, a geração cessou entre eles; eles morriam nas minas de trabalho e de fome, e elas morriam do mesmo modo nos campos. Assim se consumiu uma parte das gentes desta ilha. Quanto às cargas e fardos, faziam-nos carregar excessivos; os próprios espanhóis se faziam carregar em liteiras e braços ou leitos feitos pelos índios à maneira de redes; pois sempre se serviam deles para transportar a bagagem como se faz com os animais. A quantidade de chicotadas, de bastonadas, de bofetadas, de socos, de maldições e de outros feitios de tormento é inumerável e quase espantosa.

A perda dessas ilhas começou após a morte da Sereníssima Rainha Dona Isabel, o que se deu no ano de 1504; pois anteriormente, em virtude de uma injusta guerra, só se haviam desolado algumas províncias e essas cousas na sua maior parte eram ocultas à Rainha, pois, como vimos por bons exemplos, era seu desejo que os índios fossem poupados.

Deve-se crer que em qualquer parte das Índias por onde os espanhóis tenham ido ou passado sempre exerceram contra essa gente inocente grandes tiranias e opressões abomináveis; é por isso que Deus, que é justo, os faz cair e precipitar numa queda maior e num senso de reprovação.

CAPÍTULO 3

Das Duas Ilhas, de São João e de Jamaica

Avançaram cometendo grandes e notáveis crueldades, matando, incendiando, queimando, torrando índios e lançando-os aos cães...

Os espanhóis passaram à ilha de São João* e à de Jamaica (que eram como jardins e colmeias de abelhas) no ano de 1509, com o mesmo propósito e o mesmo fim que haviam tido na ilha Espanhola, perpetrando e cometendo banditismos e todos os pecados acima enumerados e acrescentando-lhes com excesso grandes e notáveis crueldades, matando, incendiando, queimando, torrando índios e lançando-os aos cães: assim oprimiram, atormentaram, vexaram nas minas, até consumir e extirpar todos esses pobres inocentes que eram nessas duas ilhas até seiscentas mil almas e creio eu que até mais de um milhão e hoje creio que não há cem pessoas nessas duas ilhas, tendo morrido todos sem Fé e sem Sacramentos.

---

* Hoje, República Dominicana.

CAPÍTULO 4

DA ILHA DE CUBA

*E olhando junto de si um cofre cheio de
ouro e joias, lhes disse: "Eis aqui o Deus
dos espanhóis...".*

No ano de 1511 passaram à ilha de Cuba, que tem, como disse, o comprimento de Valladolid a Roma, e onde havia mui belas províncias. Nessa ilha os espanhóis praticaram grandes crueldades, como podereis ver. Um cacique, grão-senhor, chamado Harthuey, se havia transportado da ilha Espanhola para a de Cuba, com muitos de seus súditos, para fugir às calamidades e atos tão desumanos dos espanhóis; ele reuniu todas as suas gentes e lhes disse: Sabeis vós que os espanhóis vêm por aqui e de maneira trataram a tais e tais tribos e por que assim o fazem? Responderam-lhe que não, senão que eram de sua própria natureza (diziam eles) cruéis e malvados. Ele lhes disse: Não é só por isso, senão também porque têm um Deus que adoram; e, olhando junto de si um cofre cheio de ouro e de joias, lhes disse: Eis aqui o Deus dos espanhóis; se vos parece de bom aviso, façamos-lhe Areytos (que são bailes e danças) e assim procedendo o tornaremos contente e ele ordenará aos espanhóis que não nos façam mal. Eles responderam todos com voz clara: Está bem, está bem. E assim dançaram diante do cofre até se fatigarem. Após o que, o senhor Harthuey disse: Pois que guardá-lo poderia custar-nos a vida, eis o que faremos: e concordaram todos com lançar o cofre num grande riacho que corria por ali perto.

Este senhor e cacique fugia sempre aos espanhóis e se defendia contra eles toda vez que os encontrava. Por fim, foi preso com toda a sua gente e queimado vivo. E como estava atado ao tronco, um religioso de São Francisco (homem santo) lhe disse algumas cousas de Deus e de nossa Fé, que lhe pudessem ser úteis, no pequeno espaço de tempo que os carrascos lhe davam. Se ele quisesse crer no que lhe dizia, iria para o céu onde está a glória e o repouso eterno e se não acreditasse iria para o inferno, a fim de ser perpetuamente atormentado. Esse cacique, após ter pensado algum tempo, perguntou ao religioso se os espanhóis iam para o céu; o religioso respondeu que sim desde que fossem bons. O cacique disse incontinenti, sem mais pensar, que não queria absolutamente ir para o céu; queria ir para o inferno a fim de não se encontrar no lugar em que tal gente se encontrasse.

Certa vez, os índios vinham ao nosso encontro para nos receber, à distância de dez léguas de uma grande vila, com víveres e viandas delicadas e toda espécie de outras demonstrações de carinho. E tendo chegado ao lugar, deram-nos grande quantidade de peixe, de pão e de outras viandas, assim como tudo quanto puderam dar. Mas eis incontinenti que o Diabo se apodera dos espanhóis e que passam a fio de espada, na minha presença e sem causa alguma, mais de três mil pessoas, homens, mulheres e crianças, que estavam sentadas diante de nós. Eu vi ali tão grandes crueldades que nunca nenhum homem vivo poderá ter visto semelhantes.

Alguns dias depois, enviei mensagens a todos os senhores da província de Havana, assegurando-lhes que não deviam ter medo e que nenhum mal lhes seria feito (pois toda a região estava aterrada com os males e matanças passadas), e essa mensagem eu a enviei seguindo a opinião do próprio capitão. Quando chegamos à Província, vinte e um senhores e caciques vieram receber-nos; o capitão se apoderou deles incontinenti, rompendo a garantia que eu lhes havia dado e no dia seguinte quis queimá--los vivos, dizendo que proceder assim era um expediente seu, pois do contrário algum dia esses senhores poderiam dar o que fazer. Eu estava muito aflito por salvá-los do fogo, mas, por fim, conseguiram salvar-se.

Quando os índios desta ilha foram submetidos à mesma escravidão e calamidades em que jaziam os da ilha Espanhola e que se viram morrer e perecer sem remédio algum, começaram alguns a fugir para as montanhas e outros de desespero se enforcavam. E em virtude da crueldade de um espanhol que era tirano-mor e a quem eu conheço enforcaram-se mais de duzentos índios e uma infinidade de outros pereceram do mesmo modo.

Havia nesta ilha um oficial do Rei a quem deram como parte sua a trezentos índios, dos quais, ao cabo de três meses, duzentos e sessenta haviam morrido de trabalho nas minas; de sorte que não quedou mais que a décima parte; em seguida deram-lhe outros tantos e a outros tantos matou do mesmo modo, e quantos lhe davam a tantos matava até que morreu ele mesmo e que o Diabo o levou.

Durante três meses e na minha presença morreram mais de seis mil crianças por lhes haverem tirado o pai e a mãe, a quem haviam mandado para as minas. Vi também muitas outras cousas espantosas.

Depois deliberaram dar caça aos que estavam nas montanhas e havendo feito carnificinas horrendas tornaram deserta toda esta ilha, como a vimos pouco depois.

CAPÍTULO 5

Da Terra Firme

"Caciques e índios dessa Terra: Nós vos fazemos
saber que existe um Deus, um Papa.
Vinde render-lhes homenagem porque senão
vos faremos guerra, vos mataremos..."

No ano de 1514 passou para a Terra Firme um Governador miserável, um tirano crudelíssimo que não tinha nem piedade nem prudência e que parecia um instrumento do furor de Deus, deliberado como estava a colocar nessa terra um número grande de espanhóis; vários outros tiranos tinham vindo anteriormente para a Terra Firme e haviam roubado, matado e tratado cruelmente a muitos índios; isso porém fora na costa do mar onde praticavam roubos e banditismos e fizeram o pior que puderam; mas este último sobrepujava a todos os outros que o haviam antecedido e a todos os de todas as ilhas, por mais execráveis e abomináveis que tivessem sido suas ações. Esse Governador não desolava, não despovoava somente a costa do mar senão também inúmeras regiões e reinos, matando e assassinando gente até um número infinito e mandando-os para o Inferno. Percorria muitas léguas de terras acima do Darien e até o reino e províncias de Nicarágua incluídas, que são mais de quinhentas léguas da terra melhor e mais fértil que possa haver no mundo e onde havia considerável número de grão-senhores, muitas vilas e burgos e aldeias e uma tal quantidade de ouro como nunca jamais se vira sobre a face da terra.

Esse Governador e seu bando descobriram novas espécies de crueldades e tormentos para fazer com que o ouro lhes fosse descoberto e dado. Um de seus capitães, numa das expedições que fez, passou a fio de espada perto de quarenta mil pessoas, queimando e atormentando de maneiras diversas, como me assegurou ter visto um religioso de São Francisco, chamado Frei Francisco de São Romano, o qual estava em sua companhia.

A perigosa cegueira que sempre foi atributo de todos os que governaram as Índias, para o que se refere ao cuidado que têm pela conversão dos índios (a qual em verdade sempre negligenciaram, falando de um modo enquanto seu coração pensava de outro), essa cegueira chegou até o ponto de se distribuírem ordens aos índios para que recebessem a Fé e rendessem obediência ao Rei de Castela pois no caso contrário lhes moveriam guerra a ferro e fogo, e os matariam e os escravizariam etc. Como se o Filho de Deus, que morreu pela salvação de cada um deles, tivesse ordenado quando disse: *Euntes docete omnes gentes*, que se dessem tais leis a infiéis pacíficos e em seu próprio país e que se não recebessem a Fé incontinenti e sem outras prédicas precedentes ou doutrinas e que se não se entregassem de moto próprio à dominação de um Rei que nunca tinham visto e de quem jamais tinham ouvido falar e cujos mensageiros são tão cruéis e tão destituídos de qualquer sentimento e tão horrivelmente tirânicos e que por isso tivessem os índios que perder seus bens, suas terras, sua liberdade, suas mulheres e seus filhos com sua própria vida: eis uma coisa demasiado estúpida e absurda, digna de todo vitupério e de toda zombaria, isto é, digna do Inferno. De modo que, como esse malvado e miserável Governador havia recebido a incumbência de executar as tais ordens, a fim de lhes dar uma aparência de maior justiça, pois além de tudo, contra toda razão e direito eram também impertinentes, ele ordenou (ou ele ou os ladrões a quem enviava para executar as ordens) que, quando tivessem o propósito de ir pilhar ou roubar algum lugar onde soubessem que havia ouro, estando os índios em suas vilas e casas, sem suspeitar de nada, fossem os malvados espanhóis como bandidos até a uma meia légua perto da vila, burgo ou aldeia e lá, durante a noite, fizessem a leitura e publicação ou gritassem as ordens dizendo assim: Caciques e índios desta Terra Firme do lugar tal: Nós vos fazemos saber que existe um Deus, um Papa e um Rei de Castela que é Senhor destas terras: vinde incontinenti render-lhe homenagens etc. Porque se não o fizerdes sabei que nós vos faremos guerra e vos mataremos e vos escravizaremos etc. E na quarta madrugada, estando ainda os pobres inocentes a dormir com suas mulheres e filhos, esses tiranos se lançavam sobre o lugar, deitando fogo às casas, que eram comumente de palha, de sorte que queimavam todos vivos, homens, mulheres e crianças e tão rapidamente que muitos morriam sem mesmo o haver percebido. Mataram imediatamente a quantos bem entenderam e aos que prenderam, fizeram-nos morrer cruelmente na geena* a fim de os obrigar a dizer em que lugares havia ouro, além do que tinham encontrado com eles; e a outros que ficaram com vida, fizeram-nos escravos e marcaram-nos com ferro em brasa. Depois, quando o fogo se havia extinto iam procurar o ouro nas casas. Foi assim que se comportou esse miserável, com todos os mais cristãos que levou consigo desde o ano 14 até o ano 21 ou 22, enviando para essas expedições seis ou mais de seus servidores e satélites, por cujo intermédio recebia sua parte na pilhagem, além do que, como Capitão geral, tomava de todo o ouro, de todas as pérolas e de todas as joias que tomavam àqueles que faziam escravos. O mesmo faziam os oficiais do Rei, enviando cada qual o maior número possível de servidores. Assim também o bispo, que foi o primeiro deste Reino, enviou para essas expedições seus servidores, a fim de participar do saque. Roubaram tanto ouro nesse tempo e nesse Reino que ultrapassa um milhão de ducados; e creio que digo muito pouco. E verificar-se-á que de toda essa grande presa não enviaram ao Rei senão três mil castelhanos e isso depois de haver morto e destruído mais de oitocentas mil pessoas. Os outros tiranos que vieram depois, até o ano 33, mataram ou permitiram que se matassem em tirânica servidão todos os que ainda restavam.

---

* Geena: suplício pelo fogo, onde a vítima era queimada viva.

Entre uma infinidade de malvadezas que foram feitas ou consentidas por esse Governador há também a seguinte: Havendo-lhe dado um cacique ou Senhor, ou por sua própria vontade ou por temor (o que é mais verossímil) o peso de nove mil ducados, os espanhóis, não contentes com isso, prenderam o dito senhor, amarram-no a um tronco, tendo-o sentado no chão com os pés estendidos, contra os quais aplicaram fogo para obrigá-lo a dar mais ouro. O Senhor enviou-o à sua casa e foram trazidos mais três mil castelhanos. Os espanhóis voltaram a aplicar-lhe suplícios. E como o Senhor não dava mais, ou porque não tivesse ou porque não quisesse dar, mantiveram-no assim com os pés contra o fogo até que a moela lhe começou a sair e correr pelas plantas, cousa da qual morreu. Muitas vezes, para obter ouro aplicaram esse mesmo tormento a outros senhores que também morreram no suplício.

Doutra feita, certa companhia de espanhóis que praticava banditismos e roubos foi a uma montanha onde se havia reunido e oculto grande número de pessoas que fugiam a esses homens tão cruéis e, incontinenti, caindo sobre eles, prenderam sessenta ou oitenta, tanto mulheres quanto meninas, e mataram a todos quantos puderam matar. No dia seguinte reuniram-se muitos índios, que perseguiam os espanhóis, movendo-lhes guerra pelo grande desejo que tinham de recobrar suas mulheres e filhas. Os espanhóis, vendo que os índios se aproximavam de perto, e não querendo abandonar sua presa, enterram a espada no ventre das mulheres e meninas e das oitenta não deixaram nem uma só com vida. Os índios se dilaceravam o peito de tristeza e de dor, lançando gritos e dizendo: Ó homens maus, ó cruéis espanhóis, é assim que matais as hiias? Nesse país dão o nome de hiias às mulheres, como se quisessem dizer: Matar mulheres é ato de homens abomináveis e cruéis como feras.

Havia, a dez ou quinze léguas do Panamá, um grande Senhor chamado Paris e que era muito rico em ouro. Os espanhóis foram para lá e esse Senhor os recebeu como se fossem seus próprios irmãos e por sua própria vontade fez presente ao capitão de cinquenta mil castelhanos. Pareceu aos espanhóis que quem dava tal soma com tão boa vontade devia possuir um grande tesouro, que seria o fim e o alívio de todos os seus trabalhos. Fingem então e dizem que querem partir; mas voltam de surpresa quando os índios menos esperavam e queimam e matam muita gente, pilhando como resultado cinquenta ou sessenta mil castelhanos. O cacique ou senhor fugiu sem ser ferido e ao cabo de três ou quatro dias, após haver reunido o resto de sua gente, correu atrás dos espanhóis que lhe haviam roubado cento e trinta ou cento e quarenta mil castelhanos, cai sobre eles valentemente, matando cinquenta espanhóis e recobrando todo o ouro que lhe fora roubado. Os outros se salvam, bem carregados de golpes. Mas a desgraça que perseguia esse pobre Senhor quis que os espanhóis se voltassem contra ele com grande número dos seus, de sorte que o derrotaram. Os que não foram mortos, reduziram-nos à escravidão comum; de maneira que não há hoje ali aparência alguma de que tenha havido outrora uma população e não se encontra um só homem em trinta léguas de uma região outrora mui povoada e governada por diversos senhores. Não se tem conta dos massacres que esse homem miserável, com sua companhia, praticou nesses reinos que foram por ele despovoados.

CAPÍTULO 6
Da Província de Nicarágua

A quem tivesse dois filhos, pediam um,
e a quem tivesse três, tomavam dois,
com gritos e prantos, pois, ao que parece,
os índios amam seus filhos com ternura.

No ano de 1522 ou 23, esse tirano foi mais para diante a fim de subjugar a fértil Província de Nicarágua, onde entrou em má hora. Não há ninguém que possa enaltecer suficientemente a fertilidade, salubridade, prosperidade e grande número de habitantes que havia nessa província. Era cousa admirável ver quanto estava povoada: tinha vilas de três e quatro léguas de comprimento, cheias de frutos admiráveis que eram também a causa de que houvesse tanta gente. Essa gente, pois que a região era plana e rasa, não tendo montanhas em que pudessem ocultar-se e pois que era tão agradável e deleitosa a terra, não podiam abandoná-la senão com grande pena e em virtude disso suportavam grandes perseguições e curtiam pacientemente as tiranias, os ultrajes cruéis e a servidão sob o jugo dos espanhóis, tanto mais que de sua natureza era gente dócil e pacífica; esse tirano, com seus companheiros, lhes fez suportar (o que também havia feito para destruir os outros reinos) tantos maus-tratos, tantos assassínios, tantas crueldades, tantas servidões e iniquidades que não há nenhuma língua humana que possa explicá-las. Enviou para ali cinquenta homens a cavalo e fez matar à espada todo o povo dessa província (que é maior que o Condado de Roussillon). De modo que sem nenhuma causa deste mundo matou a todos, homens, mulheres, velhos e jovens, desde que deixassem de trazer-lhe algumas cargas de mahiz*, que nesse país significa trigo, ou então uma certa quantidade de índios para servi-lo e a toda sua companhia; e, como o país é uma planície, ninguém podia fugir à sua raiva diabólica.

Enviou espanhóis para fazer correrias em outras províncias permitindo a esses bandidos que trouxessem consigo tantos índios quantos quisessem para seu serviço; e esses índios eram acorrentados a fim de que não abandonassem a carga e os fardos que traziam; e quando alguns desfaleciam, por estarem demasiado cansados, não podendo mais andar em virtude das grandes cargas que se lhes davam, ou por estarem doentes, ou fracos de fome ou de sede, a fim de que não fosse preciso desfazer a cadeia e para não perder muito tempo com eles, cortavam-lhes a cabeça contra o peito, de maneira que o corpo caía para um lado e a cabeça para outro. Que se considere o que podiam pensar os outros. Certo, quando se preparavam tais viagens, os índios, sabendo que ninguém voltaria, partindo choravam e suspiravam dizendo: Eram esses os caminhos por onde costumávamos ir a fim de servir os cristãos: e embora trabalhássemos muito, enfim, ao cabo de algum tempo, voltávamos para nossa casa, para nossas mulheres e nossos filhos; mas agora partimos sem nenhuma esperança de jamais voltar para revê-los e viver com eles.

Uma vez, esse Governador quis fazer uma nova distribuição de índios por seu bel-prazer e porque sua vontade foi tal: diziam que era para tirar os índios a quem queria mal e dá-los a quem bem lhe parecesse; mas essa distribuição foi causa de que os índios não semeassem as terras durante um ano; e como havia falta de pão, os espanhóis roubaram dos índios todo o trigo que tinham para sua provisão, o que casou a morte de mais de vinte ou trinta mil pessoas; e a carestia foi tão grande que uma mulher desvairada de fome matou o filho para comê-lo.

Oprimiram barbaramente a essa pobre gente obrigando--a a levar carregamentos para navios a um porto distante trinta

---

* Provavelmente um engano de Las Casas. Maíz, como se sabe, é o milho.

léguas e enviando-a a procurar mel e cera nas montanhas onde os tigres a devoravam.

A maior das calamidades que despovoaram essa província foi a licença dada por esse Governador aos espanhóis, de pedir escravos aos caciques e senhores. Todos os meses obtinham do Governador uma licença para cinquenta escravos que eram requisitados sob ameaça de que, se não os dessem, fariam-nos queimar vivos ou ser devorados pelos cães. E como ordinariamente os índios não têm escravos e é muito quando um cacique tem dois, três ou quatro, eles se dirigiam a seus súditos e tomavam primeiramente os órfãos e, em seguida, a quem tivesse dois filhos pediam um, e a quem tivesse três tomavam dois; e assim o cacique os fornecia no número exigido pelo tirano, com grandes prantos e gritos do povo: pois, ao que parece, os índios amam seus filhos com ternura. E pois que isso se fazia mui frequentemente, desde o ano 23 até o ano 33, despovoaram todo esse reino; pois, durante seis ou sete anos, iam para ali cinco ou seis navios grandes, ao mesmo tempo, para conduzir índios em grande número, a fim de vendê-los como escravos no Panamá e no Peru, onde morreram todos: é cousa provada e mil vezes experimentada que quando os índios são expatriados de seu país natural, cedo morrem; por outro lado, nem sempre se lhes dá de comer e, todavia, não diminuem seus trabalhos, sendo comprados unicamente para trabalhar. Dessa maneira tiraram dessa Província mais de quinhentos mil índios, que foram escravizados e que, antes, eram tão livres como eu sou. E pelas guerras diabólicas que os espanhóis lhes moveram, e pela servidão horrível a que os submeteram, mataram outras quinhentas ou seiscentas mil pessoas, e ainda nos dias de hoje estão matando gente. Todos esses massacres foram feitos pelo espaço de catorze anos. E possível que haja ainda hoje, em toda essa Província de Nicarágua, umas quatro ou cinco mil pessoas que, entretanto, fazem morrer todos os dias com servidões ordinárias e pessoais; e, todavia, essa província foi outrora o país mais povoado do mundo, como já o disse.

CAPÍTULO 7

DA NOVA ESPANHA

*E ainda hoje, nesse mês, estão sendo
praticadas e cometidas as mais odiosas e
abomináveis atrocidades...*

No ano de 1516 foi a Nova Espanha* descoberta e os que realizaram essa façanha cometeram grandes desordens e matanças no arraial dos índios. No ano de 1518 foram para ali espanhóis cristãos, como se intitulam, para roubar e matar com a mesma facilidade com que dizem que vão para povoar a terra. Desde esse ano de 18 até hoje, 1542, a injustiça, a violência e as tiranias praticadas pelos espanhóis nas Índias ultrapassaram as mais altas raias do absurdo, tendo esses mesmos espanhóis perdido inteiramente o temor de Deus e do Rei e o senso da responsabilidade, pois as barbaridades, as crueldades, as matanças, as ruínas, as destruições de vilas, em tantos reinos e tão grandes, foram tais e tão horríveis, que todas as cousas que até agora se referiram não são nada comparadas com as que foram feitas e perpetradas desde o ano 18 até o ano de 1542; e ainda hoje, no mês de setembro, estão sendo praticadas e cometidas as mais odiosas e abomináveis atrocidades; de modo que a regra que estabelecemos acima é verdadeira: isto é, que desde o começo foram de mal a pior e que excederam até a si próprios em desordens e atos diabólicos de toda natureza.

De sorte que desde a primeira entrada em terras da Nova Espanha, que se deu no décimo oitavo dia do mês de abril do ano

---

* O México atual.

citado, até o ano 30, que são doze anos inteiros, não cessaram nunca as matanças e desordens praticadas pela mão sangrenta e cruel dos espanhóis em quatrocentas e cinquenta léguas de país, quase até os arredores do México e lugares circunvizinhos, que é uma extensão onde poderiam entrar quatro ou cinco reinos tão grandes e muito mais férteis que a Espanha. Toda essa região estava mais povoada que Toledo e Sevilha e Valladolid e Saragoça com Barcelona; pois nunca houve nessas cidades tanta gente como havia nessas regiões, as quais contêm de circuito mais de mil e oitocentas léguas. Durante esses doze anos os espanhóis mataram e fizeram morrer em quatrocentas léguas dessa região tanto homens como mulheres, jovens e crianças, mais de quatro milhões de pessoas, a golpes de espada e de lança e pelo fogo, durante as conquistas (como eles as chamam) ou, para melhor dizer, durante essas invasões de tiranos cruéis, que são condenados não somente pela lei de Deus senão também por toda e qualquer lei humana, invasões que são ainda piores que a que foi feita pelo Turco para destruir a Igreja Cristã. E não se põem aqui em linha de conta os que eles mataram e matam ainda todos os dias na servidão e opressão comum de que acima se falou.

    Não há língua humana que possa descrever as particularidades dos atos espantosos que esses inimigos públicos, quero dizer esses capitães inimigos do gênero humano, praticaram geralmente por toda parte, em lugares e tempos diversos, dentro da dita região, nem mesmo alguns desses atos se poderiam fazer compreender, e isso por causa de circunstâncias que os tornam ainda mais atrozes e que de forma alguma poderiam ser explicadas por maior que fosse a diligência, o tempo e o estilo que se procurasse empregar. Algo direi todavia a respeito de alguns desses atos, declarando e jurando que não penso explicar absolutamente nem a milésima parte.

CAPÍTULO 8

DA NOVA ESPANHA EM PARTICULAR

"Ó homens malvados! Que desprazer vos
causamos para nos matardes assim? Ide, ide!
Vós ireis ao México, onde nosso senhor
Montezuma se vingará de vós..."

Entre outros assassinatos e massacres praticaram também o seguinte, numa vila grande, onde havia mais de trinta mil lares, e que se chama Cholula: é que todos os Senhores do país e dos arredores e, em primeiro lugar, os Padres com seu grande Pontífice, indo em procissão esperar os espanhóis a fim de os receber com grande acolhimento e reverência e conduzindo-os ao meio deles para os alojar na Vila, nas casas e abrigos do Senhor ou dos principais Senhores dali, os espanhóis tiveram a ideia de fazer um massacre ou castigo (como eles dizem) a fim de implantar e estabelecer o terror pelas suas crueldades em todos os recantos dessa região. Pois sempre foi costume em todos os países em que entraram praticar incontinenti, à sua chegada, alguma cruel e notável matança a fim de que esses pobres e dóceis cordeiros tremessem do medo que lhes inspirava. De tal sorte que primeiramente mandaram chamar todos os Senhores e os Nobres da Vila e de todos os lugares que lhes eram sujeitos com o Senhor principal; e à medida em que iam chegando para falar ao capitão dos espanhóis, eram presos, sem que ninguém disso se apercebesse para poder levar a notícia aos outros. Pediram cinco ou seis mil índios para levar as bagagens e cargas aos espanhóis; esses índios vieram imediatamente e foram colocados nos quintais das casas.

E era cousa de inspirar infinita compaixão ver esses pobres índios apresentando-se para levar as cargas aos espanhóis. Vinham todos nus, tendo cobertas somente as partes vergonhosas e trazendo cada qual sobre os ombros uma rede com um pouco de carne; abaixaram-se todos e ficaram acocorados como pobres cordeiros apresentando-se à espada. E estando todos eles assim reunidos no terreiro, uma parte desses traidores e pérfidos espanhóis, bem armados, se postaram nas portas para os guardar, enquanto os outros passaram esses pobres cordeiros a fio de espada e de lança, de sorte que nenhum só pôde escapar que não fosse cruelmente posto à morte; mas eis que ao cabo de dois ou três dias vieram alguns, todos cobertos de sangue, que se haviam escondido e salvo entre os corpos mortos e se apresentavam chorando diante dos espanhóis, suplicando-lhes misericórdia e vida; mas não encontraram neles nem piedade nem compaixão alguma e foram todos cortados em pedaços. Todos os Senhores, que eram mais de cem, haviam-nos conservado presos; e o capitão ordenou que fossem queimados vivos, ligados a troncos fixados no chão. Mas um Senhor, que por acaso era o principal deles e Rei de toda essa região, se salvou; e, lançando-se com trinta ou quarenta homens no templo que ali havia e que era uma espécie de fortaleza, a que em seu idioma os índios chamam Quu, defendeu-se durante boa parte do dia. Mas os espanhóis, a quem, como aos gendarmes, nada pode escapar, deitaram fogo ao templo e queimaram todos os que ali estavam e que iam lançando gritos e palavras: Ó homens malvados! Ó homens malvados! Que desprazer vos causamos para nos matardes assim? Ide, ide! Vós ireis ao México, onde nosso Senhor Soberano Montezuma se vingará de vós. Conta-se que, gozando no terreiro aquele espetáculo, enquanto iam passando a fio de espada os cinco eu seis mil homens, o capitão dos espanhóis estava com o coração completamente alegre e cantava:

Mira Nero de Tarpeya a Roma cómo se ardía:
Gritos dan niños, viejos y él de nada se dolía.

Perpetraram outra chacina na vila de Tepeaca, que era maior e tinha mais casas e mais gente que a vila acima referida.

De Cholula foram para o México. O rei Montezuma lhes enviou à chegada grandes presentes, indo Senhores e várias outras pessoas em festa pelo caminho. E ao entrarem no domínio da Cidade do México, por uma extensão de duas léguas, enviou-lhes seu próprio irmão, acompanhado de numerosos grãos-senhores que levavam presentes de ouro, de dinheiro e vestimentas; e à entrada da cidade, o Rei em pessoa, com toda sua corte, foi recebê-los, conduzido numa liteira de ouro; acompanhou-os até o palácio que lhes havia feito preparar. E nesse mesmo dia, como me disseram alguns que presenciaram a cena, os espanhóis, usando de certa dissimulação, prenderam o grande rei Montezuma, que de nada suspeitava, destacaram oitenta homens para guardá-lo e, em seguida, puseram-lhe ferros nos pés. Mas, deixando tudo isso, como quem tem cousas demasiadas a dizer, eu vos farei ver uma cousa notável, perpetrada por esses tiranos. Tendo ido o capitão de todos os espanhóis* a um porto marítimo a fim de prender outro capitão espanhol que vinha em guerra contra ele, e tendo deixado em seu lugar um capitão com cem homens para guardar o rei Montezuma, tiveram estes últimos a ideia de fazer uma cousa bastante notável para aumentar nessas paragens o medo que se tinha deles. Sucedeu pois que os índios, os Senhores e o povo, que não pensavam em outra cousa senão em agradar e distrair o Rei prisioneiro, puseram a dançar duas mil pessoas jovens, filhos dos Senhores e flor da nobreza de todo o Estado de Montezuma, levando nessas danças todas as suas riquezas e joias em sinal de alegria; entretanto foram todos passados a fio de espada porque o capitão havia ordenado que em certa hora, quando os índios menos pudessem imaginar,

---

* Las Casas refere-se ao episódio em que Pánfilo de Narváez foi enviado ao México para combater Cortez. Cortez enfrentou-o e venceu-o no litoral, onde hoje se localiza a cidade de Vera Cruz. Cortez deixou Pedro de Alvarado em seu lugar.

os espanhóis caíssem sobre essa nobreza, de maneira que não deixaram nenhum só com vida. Outros fizeram o mesmo em outros lugares, de maneira que lançaram sobre esses Reinos tal desolação que enquanto o mundo for mundo, eles se lembrarão de cantar e lamentar em seus areytos e bailes, como em forma de rima, todas essas calamidades e a perda da sua Nobreza.

Vendo os índios tão enorme e inaudita crueldade, perpetrada sem causa alguma sobre tantos inocentes, e tendo até sofrido com paciência o aprisionamento não menos injusto de seu Senhor Soberano, que lhes havia ordenado que não fizessem guerra aos espanhóis, toda a cidade se levantou em armas e, pois que os espanhóis estavam enfraquecidos, e muitos deles feridos, com grande trabalho puderam escapar: puseram um punhal no peito do rei prisioneiro Montezuma para matá-lo se não se pusesse no balcão ou janela para ordenar aos índios que se mantivessem em paz; mas os índios, não cuidando absolutamente de obedecê-lo, tiveram a ideia de escolher um Senhor e capitão entre eles para comandar o exército; mas como o capitão que tinha ido ao porto voltava vitorioso e trazia consigo um número muito maior de espanhóis do que tinha levado, o combate cessou três ou quatro dias depois, quando ele entrou na cidade. Então os índios reuniram uma infinidade de gente de todo o país e combateram tão longo tempo que todos os espanhóis que pensavam ali ficar acharam melhor abandonar numa noite a vila. Cousa essa que, tendo chegado ao conhecimento dos índios, estes mataram grande número de espanhóis sobre as pontes dos pântanos.* Mas depois, havendo-se os espanhóis reunido, deram combate na vila e ali fizeram uma horrenda e espantosa carnificina de índios, matando uma infinidade de povo e queimando vivos grande número de grão-senhores.

---

* Esse episódio se passou em 30 de julho e foi batizado pelos espanhóis de "noche triste". Os conquistadores perderam metade de seus homens e quase todos os tesouros roubados de Tenochtitlan.

Após essas grandes e abomináveis tiranias, perpetradas na Cidade do México, em outras cidades e nos arredores de México, a dez, e quinze, e vinte léguas, onde foi morto um número infinito de gente, essa tirania, essa peste passou para diante para também devastar, infectar e desolar a Província de Panuco. Era cousa de maravilhar o grande número de gente que ali havia e as devastações e chacinas que fizeram nas províncias de Tupeque, de Ipilcingo e de Columa, cada qual delas maior que o reino de Leon e de Castela.

Mas é preciso notar ainda que o título a que entraram nesses países e começaram a destruir todos esses inocentes e pobres índios, e em virtude do qual despovoaram essa região e que deveria ter causado verdadeira alegria aos que fossem verdadeiramente cristãos, sendo esses países tão povoados, era que os índios deviam vir submeter-se ao rei da Espanha, pois, no caso contrário, os matariam e os fariam escravos. E aqueles que não vinham incontinenti satisfazer esses mandamentos tão iníquos e não se punham ao dispor desses homens tão cruéis e tão brutais eram chamados rebeldes como se se tivessem levantado contra Sua Majestade: e a esse título os acusam perante o Rei nosso Senhor; a cegueira dos que governavam as Índias não podia compreender nem entender o que em suas leis é mais claramente ensinado: isto é, que ninguém pode ser chamado rebelde sem antes ter sido súdito. Que os cristãos e os que têm algum conhecimento considerem nessa hora se tais cousas podem preparar e informar o coração de gente que vive em seu próprio país com segurança e que não pensa nada a quem quer que seja e que são senhores de si mesmos; e que de repente se lhes deem estas notícias: Rendei--vos à obediência do rei estrangeiro que nunca vistes e de quem jamais ouvistes falar; caso contrário sabereis que vos faremos imediatamente em pedaços, principalmente quando se vê pela experiência que são mais rápidos ainda em fazer do que em dizer. E o que é ainda mais espantoso é que submetem mesmo aqueles que obedecem a uma servidão mui dura, na qual há trabalhos inauditos e tormentos maiores e mais demorados que os daqueles que são mortos à espada; pois acabam perecendo todos, com suas mulheres, com seus filhos e com sua geração inteira. E supondo o caso que, em virtude das ameaças e terrores mencionados, essa gente, como qualquer outra do mundo, venha a obedecer e reconhecer a dominação de um rei estrangeiro: não veem esses indivíduos cegos, inteiramente obcecados pela ambição e pela avareza diabólica, que com isso não ganham o mínimo direito, desde que não movem os índios senão pelo terror e pelo temor que podem abater até os homens mais constantes e mais prudentes e que, em face do direito natural, humano e divino, não têm mais força que um punhado de vento, e que não podem validar o que quer que seja, senão que, ao contrário, as penas e os castigos os esperam nas profundidades do Inferno? Deixo de lado as ofensas e prejuízos que causam ao Rei devastando tão grande número de seus reinos e destruindo (tanto quanto podem) todos os direitos que têm em todas essas Índias. E eis aí quais são os serviços que os espanhóis prestaram e estão prestando ainda nesta hora aos Reis de Castela e sob um título tão justo e tão honroso.

Sob esse título tão justo e tão honroso, esse capitão tirânico enviou outros dois capitães, tão tirânicos e ainda menos capazes de compaixão do que ele, para os grandes florescentíssimos, fertilíssimos e povoadíssimos reinos de Guatemala, no mar do Sul, de Naco, de Honduras ou Guaiamura, no mar do Norte, confrontando e completando um com outro, trezentas léguas de México. Enviou a um por terra e a outro por mar e um e outro levaram consigo grande número de gente, a cavalo e a pé.*

Digo em verdade que o que esses dois fizeram de mal, principalmente o que foi para o reino de Guatemala (pois o outro morreu logo e de morte má), daria para escrever um grande livro cheio de tantas chacinas, de tantas devastações, de tantos ultrajes e de tantas injustiças brutais que poderia espantar o século pre-

---
* Las Casas refere-se a Cortez, Pedro de Alvarado e Francisco de Montejo.

sente e o século futuro. Certo, este último ultrapassou a todos os outros presentes e passados, tanto pela quantidade e pelo número de abominações que perpetrou, quanto pelos povos e países que desolou e tornou desertos. Cousas essas em número infinito.

O que foi por mar praticou enormes banditismos, crueldades e desordens nos povoados da costa; foram alguns esperá-lo com presentes do reino de Iucatã, que fica no caminho dos reinos de Naco e de Guaiamura, para onde se dirigia; mas, quando ali chegou, enviou por toda essa terra capitães com muita gente e roubaram, mataram e destruíram tantos povos quantos havia; houve um principalmente que se havia rebelado com trezentos homens e se arremessou sobre o país da Guatemala, onde destruiu homens e povoados e fez sentir sua raiva em mais de vinte léguas de região a fim de afastar também o temor de ser preso e morto pelos índios como vingança pelas ruínas e devastações praticadas por ele. Aconteceu que alguns dias depois o capitão principal contra quem se havia amotinado foi morto e sucederam-lhe vários outros tiranos que, em massacres indescritíveis, destruíram todos esses pobres índios; de modo que, desde o ano de 1524* até o dia de hoje, transformaram em desertos inabitáveis todas essas ilhas e reinos que outrora haviam parecido um paraíso terrestre. Em onze anos assassinaram mais de dois milhões de pessoas e em mais de cem léguas quadradas de país não deixaram mais que duas mil pessoas que estão quotidianamente assassinando ou que mantêm em cativeiro.

Mas voltemos ao grande tirano e capitão que foi à Guatemala; este, como se disse, ultrapassou a todos os anteriores e é perfeitamente igual a todos os tiranos que existem hoje desde

---

* Deve haver engano, ou no original, ou na tradução francesa de 1642, que diz: *mil six cent vingt quatre*; pois a data não pode ser outra senão 1524, tendo morrido Frei Bartolomé de Las Casas em 1566. A edição francesa não pode ser confrontada com a edição espanhola de 1542, que foi destruída por ordem dos reis da Espanha, salvando-se apenas alguns exemplares que serviram de texto às traduções francesa, holandesa e veneziana. (N.T.)

as províncias vizinhas ao México e que, pelo caminho que seguiu (conforme sua própria afirmação numa carta que escreveu ao tirano principal que o havia enviado), tem de comprimento quatrocentas léguas, por onde andou assassinando, roubando e destruindo todos os países, acobertado pelo título acima mencionado: ordenou que se submetessem a eles; isto é, a homens tão bárbaros, tão iníquos e tão cruéis; não ao rei de Espanha que lhes era desconhecido e de quem jamais tinham ouvido falar e a quem esses tiranos julgavam ainda mais injusto e mais cruel do que eles próprios. E não dando tempo algum para que os índios pudessem deliberar, arremessavam-se sobre eles quase ao mesmo tempo em que a ordem era ditada e sem consideração alguma destruíam tudo a ferro e a fogo.

CAPÍTULO 9

Da Província e Reino de Guatemala

Os índios, vendo que não poderiam aplacar nem enternecer esses corações desumanos e enraivecidos, se juntaram para morrer em guerra e vingar-se o melhor possível.

Tendo vindo a esse reino, perpetrou logo à sua chegada grande chacina de gente. Nada obstante, o principal Senhor foi recebê-lo, conduzido numa liteira, com trombetas e tamborins, com festas e danças, acompanhado de numerosos senhores da Vila de Viclatã, capital de todo o Reino, onde os espanhóis se serviram de tudo quanto os índios tinham, onde lhes deram de comer abundantemente e onde quanto pediram lhes foi servido em excesso. Os espanhóis nessa noite acamparam fora da vila, que lhes pareceu forte e onde poderia haver perigo. No dia seguinte o capitão mandou chamar o principal senhor e a vários outros e tendo eles vindo como cordeiros, prendeu-os a todos e ordenou-lhes que dessem certas somas em ouro. Havendo eles respondido que não tinham ouro, porque o país não o produzia, ordenou incontinenti que fossem queimados vivos, sem que tivessem cometido qualquer outro crime e sem nenhuma outra forma de processo ou sentença. Como os senhores de todas essas províncias viram que tinham queimado seus senhores soberanos apenas porque não davam ouro, fugiram todos para as montanhas ordenando a seus súditos que fossem ter com os espanhóis e que os servissem como senhores seus: que, porém, não os descobrissem nem dessem a conhecer onde estavam eles escondidos. Assim toda a gente do país foi ter com os espanhóis dizendo-lhes que queriam pertencer-lhes e servi-los como a senhores seus. O capitão respondeu que não queria recebê-los e que os mataria se não dissessem onde estavam os senhores. Os índios disseram que não sabiam de nada e que, quanto a eles, davam-se por satisfeitos com que quisessem servir-se deles, de suas mulheres e de seus filhos, que os encontrariam em suas casas e ali poderiam matá-los ou fazer deles o que bem lhes agradasse; o mesmo disseram os índios em muitas outras ocasiões. Os espanhóis foram então pelas aldeias e povoados e encontrando esses pobrezinhos a trabalhar em seus misteres, com suas mulheres e filhos sem suspeitar de nada, atravessaram-nos com suas lanças e fizeram-nos em pedaços. Dali foram a outro burgo, poderoso e grande e que, mais que qualquer outro, se considerava garantido por causa da sua inocência; os espanhóis devastaram quase tudo no espaço de duas horas, passando a fio de espada crianças, mulheres e velhos e todos quantos não puderam fugir.

Os índios, vendo então que com sua humildade, com seus presentes e sua paciência não podiam aplacar nem enternecer esses corações desumanos e enraivecidos e que sem nenhum motivo e nenhuma razão eram feitos em pedaços e que portanto tinham todos que morrer, lembraram-se de fazer uma união e juntar-se todos para morrer todos em guerra e vingar-se da melhor maneira possível de tantos, tão cruéis e tão diabólicos inimigos. E sabendo muito bem que estavam não somente desarmados, mas também nus, fracos e a pé, de tal modo que não poderiam nunca prevalecer nem vencer senão que por fim seriam todos destruídos, lembraram-se de fazer certas fossas no meio dos caminhos, a fim de que os cavalos caíssem nelas e rasgassem o ventre em estacas agudas e pontiagudas ali postas de propósito e tudo tão bem coberto de relva que nada parecesse existir. Ali caíram os cavalos uma vez ou duas, porque depois os espanhóis souberam proteger-se. E para vingar-se fizeram uma lei segundo a qual tantos índios quantos pudessem apanhar vivos, qualquer que fosse sua idade ou sexo, seriam lançados a essas mesmas fossas. E nelas lançaram também mulheres grávidas e parturientes e velhos, tantos quantos puderam apanhar, até que as fossas ficaram cheias. Era cousa de inspirar compaixão ver essas mulheres com seus filhos atravessados por essas hastes. E aos outros todos mataram-nos a golpes de lança e a fio de espada. Também os atiravam a cães furiosos que os dilaceravam e os devoravam. Queimaram um senhor numa grande fogueira de chamas vivas, dizendo que com isso queriam prestar-lhe uma homenagem. Persistiram nessas carnificinas tão desumanas durante uns sete anos, desde o ano 24 até o ano 31. Que se julgue, pois, qual é o número de pessoas que terão assassinado.

Entre uma infinidade de atos horríveis, que esse desgraçado tirano praticou nesse Reino com seus asseclas, pois seus capitães não eram menos desgraçados e menos insensatos que ele, e com os outros que o ajudavam, há também a seguinte façanha notável: Na província de Cuscatã, onde existe agora, ou bem nos seus arredores, a vila de São Salvador, que é uma região muito fértil, assim como toda a costa do mar do Sul e que contém quarenta ou cinquenta léguas, bem como na própria vila de Cuscatã, que era a capital da província, ofereceram a esse capitão ótima acolhida e uns vinte ou trinta mil índios foram esperá-lo carregados de galinhas e outros víveres havendo chegado o capitão, após haver aceito os presentes, ordenou que cada espanhol tomasse tantos índios quantos quisesse a fim de servirem enquanto estivessem de passagem por ali; esses índios seriam constrangidos a carregar tudo quanto fosse necessário. Cada qual tomou cem ou cinquenta ou tantos quantos bem entendeu. Esses pobres cordeiros serviram os espanhóis com a maior boa vontade, nada mais faltando senão adorá-los. Entretanto o capitão havia pedido aos senhores muito ouro: pois ali tinham ido justamente para isso. Os índios responderam que estavam prontos a dar todo o ouro que tivessem e juntaram grande quantidade de achas de cobre que possuem, douradas, e das quais se servem; essas achas parecem de ouro e têm uma certa quantidade desse metal. O capitão fez examiná-las e como viu que era cobre disse aos espanhóis: Que este país seja mandado ao diabo; vamo-nos embora daqui, pois que não há ouro; e que cada espanhol ponha a ferros os índios que se apoderou e os faça marcar como escravos. Cousa que fizeram, marcando com o ferro do rei a todos quanto puderam. Eu vi até o filho do principal senhor dessa vila marcado. Os índios que haviam fugido, com todos os outros da região, vendo todas essas malvadezas dos espanhóis, começaram a se reunir e a pôr-se em armas: os espanhóis fizeram grandes matanças e voltaram para Guatemala, onde construíram uma cidade que Deus a esta hora, num justo julgamento, acaba de destruir com três dilúvios que vieram todos juntos: o primeiro foi de água, o segundo de terra e o terceiro de pedras da grossura de dez ou vinte bois. De modo que estando mortos todos os senhores e todos os que podiam fazer a guerra, os que restavam foram postos em diabólica servidão, tendo sido feitos escravos tributários e dando filhos e filhas, pois de outro modo não podem fornecer escravos. E desse modo os espanhóis, enviando navios ao Peru, carregados de escravos para vendê-los e por meio de massacres, destruíram e tornaram deserto um Reino de cem léguas quadradas ou talvez mais, país que era o mais feliz e povoado que pudesse existir no mundo. E esse tirano mesmo disse a verdade quando escreveu que era mais povoado que o reino do México. Em quinze ou dezesseis anos, desde o ano 24 até o ano 40, ele, com seus companheiros e confrades, fez morrer mais de quatro ou cinco milhões de índios; e ainda nesta hora estão matando e destruindo tudo quanto resta.

Esse tirano, quando movia guerra a alguma vila ou província, tinha o costume de levar consigo índios já subjugados, tantos quantos pudesse a fim de fazer guerra aos outros: e como não dava de comer a uns dez ou vinte mil homens, que levava consigo, permitia-lhes comer os índios que tomassem: de modo que tinha comumente no seu campo um verdadeiro açougue de carne humana, em que, segundo a preferência, matavam-se e rostiam-se crianças; matavam os homens somente por causa das mãos e dos pés, que consideravam os melhores pedaços.

Matava de trabalho a uma infinidade de índios que obrigava a fazer navios, que depois conduzia do mar do Norte ao mar do Sul, que são cento e trinta léguas, carregando-os com âncoras que pesavam três ou quatro quintais. Transportava desse modo também muita artilharia que carregava sobre os ombros dessa pobre gente nua; vi muitos desses índios desfalecerem pelo caminho em virtude dos grandes e pesados fardos que arrastavam. Ele desfazia as famílias tirando aos homens suas mulheres e filhas a fim de dá-las aos marinheiros e soldados para contentá-los; estes as levavam em seus exércitos. Enchia os navios de índios e ali morriam eles de sede e de fome. Por certo, se eu tivesse que narrar as particularidades de todas essas atrocidades, faria um grande livro, que espantaria todo mundo. Ele organizou dois exércitos, cada qual composto de numerosos navios, com os quais, como fogo e raio que viessem do céu, consumia toda essa gente. Oh, quantos órfãos não deixou no seu rastro! A quantos homens e mulheres não tornou viúvos, privando-os, ainda, de seus filhos! E quantos adultérios não causou! A quantos não roubou a liberdade! Quantas angústias e calamidades por sua causa não sofreram inumeráveis indivíduos! A quantos não fez derramar lágrimas e soltar suspiros e gemidos! Que inúmeras desolações não causou neste mundo e quantas danações eternas, não somente de índios infinitos senão também de infelizes espanhóis, por cujo auxílio praticou tão grandes violências, pecados tão enormes e abominações tão execráveis! Rogo a Deus que tenha piedade dele e que se contente com ter-lhe dado um fim tão mau como foi o seu.

CAPÍTULO 10

DA NOVA ESPANHA, PANUCO E JALISCO

Por esse tempo, um certo tirano, indo na qualidade de visitador, mais das bolsas do que das almas, descobriu que os índios mantinham ainda seus ídolos escondidos...

Após as grandes crueldades narradas, e outras que omiti, perpetradas na Província de Nova Espanha e em Panuco, chegou outro tirano, cruel e desnaturado, no ano de 1525. Este praticou muitas crueldades e marcou inumeráveis escravos da maneira referida, os quais eram antes homens livres; enviou muitos navios carregados às ilhas de Cuba e à ilha Espanhola, onde podiam ser vendidos por preço maior, e acabou por tornar deserta toda esta província. E aconteceu que por um só jumento se dessem oitocentos índios, almas razoáveis. Esse tirano foi provido no cargo de presidente na Vila do México e com ele foram providos outros tiranos com o ofício de Auditores, cargos esses de que se serviram para cometer tantas crueldades, tantos pecados, tantas atrocidades, tantos latrocínios e tantas abominações que, narrados, pareceriam a todos impossíveis. Lançaram essa região a uma desolação tão grande que se Deus não a tivesse guardado pela resistência dos religiosos de São Francisco e se não se estivesse estabelecido ali uma Audiência, Conselho Real, bom e amigo de toda virtude, em dois anos eles teriam tornado toda a Nova Espanha tão deserta como está hoje a ilha Espanhola.

Quando o capitão principal de que falei acabou de tornar deserta toda a Província de Panuco e que ouviu a notícia de que a Audiência Real vinha de ser estabelecida, teve a ideia de avançar mais para dentro do país a fim de descobrir lugares em que pudesse tiranizar; tirou pela violência quinze ou vinte mil homens da Província de México a fim de que levassem as cargas e bagagens dos espanhóis que iam com ele; de todos esses índios nunca voltaram mais de duzentos e todos os outros morreram pelos caminhos. Chegou à Província de Mechuacam, que dista do México quarenta léguas, região outrora tão feliz e tão povoada como o próprio México. O rei e senhor da região foi recebê-lo na companhia de um número infinito de súditos, que lhe prestaram mil serviços e cortesias; mas o tirano apoderou-se incontinenti do rei porque corriam vozes de que era muito rico em ouro e prata; e a fim de que lhe desse grandes tesouros começou a atormentá-lo, prendendo-o num cepo pelos pés, o corpo estendido, as mãos ligadas a um tronco; colocou-lhe então um braseiro nos pés e um rapaz ia molhando um regador no azeite e azeitando pouco a pouco o rei a fim de que a carne lhe ficasse bem assada, havia de um lado um homem com um arco teso que lhe visava diretamente o coração e, de outro lado, outro homem segurava um cão, com o ar de fazê-lo correr sobre o índio e que em menos de um Credo teria podido fazê-lo em pedaços; e assim fez o capitão torturá-lo a fim de que descobrisse os tesouros que desejava; isto se prolongou até que um religioso de São Francisco se opusesse à tortura sem ter podido entretanto evitar que o índio morresse nesses tormentos. Pelo mesmo processo mataram a muitos senhores e caciques dessa província a fim de que dessem ouro e prata.

Por esse tempo, um certo tirano, indo na qualidade de visitador mais das bolsas (e para roubar os bens dos índios) do que das almas, descobriu que alguns índios tinham escondido seus ídolos, desde que nunca os desgraçados espanhóis lhes haviam ensinado a existência de qualquer outro Deus melhor que o deles. Esse visitador prendeu e conservou prisioneiros os senhores até que lhe dessem seus ídolos pensando que fossem de ouro ou de prata; mas como esses ídolos não eram nem de ouro nem de prata o tal visitador os castigou cruelmente e injustamente.

E a fim de que não ficasse frustrado o seu desígnio, que era roubar, constrangeu os caciques a comprar novamente os ídolos e compraram-nos pelo ouro e a prata que puderam reunir, a fim de adorá-los como deuses, tal como faziam anteriormente. Eis as boas obras e os bons exemplos que esses infelizes espanhóis praticam pela honra de Deus.

Esse grande tirano e capitão, passando para além de Mechuacam, foi à província de Jalisco, que estava inteiramente povoada e era muito feliz; pois era uma das mais férteis e admiráveis regiões das Índias e muitos de seus burgos continham quase sete léguas. Como o capitão entrasse nesse país, os senhores e habitantes, segundo o costume que têm, foram recebê-lo com presentes e alegria; mas ele começou logo a praticar as crueldades e malvadezas que tinha aprendido e que todos os outros costumavam fazer; isto é, muito mais que os outros, a fim de chegar a seu fim, que era acumular montanhas de ouro, que é o seu Deus. Incendiava as vilas, prendia os caciques e os punha a tormentos; escravizava a todos quantos prendia e uma infinidade deles iam acorrentados. Indo as mulheres carregadas das bagagens desses malvados cristãos e não podendo levar seus filhos em virtude do trabalho e da fome, lançavam essas crianças pelo caminho, e assim morreu uma infinidade delas.

Havendo um mau cristão se apoderado de uma jovem pela violência, a fim de abusar dela, a mãe da rapariga se lhe opôs: e, como quisesse arrancar-lha, o espanhol sacou da espada, cortou-lhe a mão e matou a moça a golpes de punhal, porque não queria ceder a seus apetites.

Entre várias outras cousas, ordenou injustamente que se estigmatizassem como escravos quatro mil e quinhentas almas, homens, mulheres e crianças, isto sem contar uma infinidade de outras atrocidades que não foram levadas em conta.

Havendo acabado essas guerras diabólicas, submeteu todos esses países à servidão ordinária, permitindo que seus asseclas e todos os outros praticassem tormentos jamais ouvidos a fim de arrancar ouro e tributos aos índios. Seu lugar-tenente assassinou a muitos índios enforcando-os e queimando-os vivos. Lançando outros aos cães, cortando-lhes as mãos, a cabeça, a língua, estando eles em paz, isto somente para lhes incutir terror, a fim de que os servissem e lhes dessem ouro: cousas essas que foram todas perpetradas à vista do próprio tirano, incluindo chicotadas, bastonadas, bofetadas e outras crueldades, meio de opressão que usavam todos os dias.

Dizem que destruiu e queimou nesse reino de Jalisco oitocentas povoações: isto deu causa a que os índios, desesperados e vendo que os que ficavam pereciam do mesmo modo e cruelmente, se fossem para as montanhas matando alguns espanhóis, com todo direito, qualquer que fosse o número deles. E em seguida, em virtude das injustiças e ultrajes dos outros tiranos modernos que por ali passavam para destruir outras províncias, cousa a que dão o nome de descobrir, muitos índios se juntaram, fortificando-se em certos rochedos, sobre os quais os espanhóis voltaram a praticar tantas atrocidades que puseram quase em absoluta ruína todo esse grande país. E embora esses malvados não saibam praticar senão o mal, não cessam de dizer que sua guerra é justa contra esses pobres inocentes; dizem também que é Deus quem lhes dá, porque suas guerras iníquas são feitas pelo direito; e assim se regozijam, se glorificam e rendem graças a Deus pelas suas tiranias, tal como faziam esses tiranos e facínoras de que fala o profeta Zacarias, cap. 11: *Pasce pecora ocisionis quae qui occidebant, non dolebant: sed dicebant, Benedictus Deus, quia divites facti sumus.*

CAPÍTULO 11

Do Reino de Iucatã

Ali teriam podido viver como num paraíso terrestre, se disso não tivessem sido indignos em virtude de sua grande avareza e enormes pecados.

No ano de 1526, foi constituído outro malvado Governador no reino de Iucatã, em virtude das mentiras e falsos relatórios que tinha feito ao rei, como fizeram os outros tiranos até a hora presente, a fim de que lhes dessem ofícios e cargos, por cujo meio possam roubar. Esse reino de Iucatã era muito povoado, abundante em víveres e em frutos mais do que o México; e principalmente era abundante em mel e em cera mais que qualquer outra região das Índias que se tenha visto até o presente. Contém ao todo cerca de trinta léguas de volta. Os habitantes desse país eram os mais notáveis de todas as Índias, tanto em organização social como em virtude, como na decência de sua vida, sendo eles verdadeiramente dignos de ser levados ao conhecimento de Deus; entre eles poderiam ter-se construído grandes cidades de espanhóis, que ali teriam podido viver como num paraíso terrestre se disso não tivessem sido indignos em virtude de sua grande avareza e enormes pecados; como também se tornaram indignos de várias outras possibilidades que Deus lhes havia mostrado nessas Índias. Esse tirano começou com trezentos homens a mover guerra a esses bons e pobres inocentes que estavam em suas casas sem fazer mal a ninguém: e ali matou e arruinou um número infinito de índios. E visto que esse país não produz ouro, porque se produzisse ele teria matado os índios, obrigando-os a trabalhar nas minas para fazer ouro com o corpo e a alma daqueles por quem Jesus morreu, ele escravizou geralmente todos aqueles que não matou e carregou os navios que para ali tinham acorrido ao rumor de que havia escravos, enchendo-os de gente vendida, em troca de vinho, de azeite, de vinagre, de carne de porco salgada, de roupas, de cavalos e de tudo quanto cada qual tinha necessidade, segundo o capitão julgava e decidia; ele deixou escolher entre cem ou cinquenta moças, dando a mais bela e mais bem disposta em troca de um barril de vinho, de azeite, de vinagre ou de um porco salgado. E do mesmo modo dava a escolher um rapaz entre duzentos ou trezentos em troca das cousas citadas. E aconteceu que um rapaz que parecia ser filho de algum príncipe foi dado por um queijo e cem pessoas por um cavalo. Ele continuou essas más ações, desde o ano 26 até o ano 33, que são sete anos, desolando e devastando esse país sem a menor misericórdia até que chegaram as notícias das riquezas do Peru, o que deu motivo a que os espanhóis cessassem essas tiranias diabólicas durante algum tempo. Alguns dias depois seus asseclas voltaram a fazer e a cometer outras enormes maldades, roubos, prisões e ofensas graves contra Deus, e até hoje não cessam de fazê-las e tornaram quase desertas e despovoadas todas essas trezentas léguas, as quais, conforme disse, estavam antes completamente cheias e povoadas.

Não há homem algum que possa crer, nem referir os casos particulares de crueldades que se cometeram. Contarei somente dois ou três de que me recordo no momento. Um dia os malvados espanhóis iam com seus cães furiosos à procura de pasto, e uns índios vinham vindo, homens e mulheres; uma índia doente, vendo que não poderia fugir nem escapar aos cães que a dilacerariam, como faziam a todos os outros, apanhou duma corda e enforcou-se numa trave, tendo amarrado ao pé uma criança que tinha, de um ano de idade; nem apenas tinha acabado de fazê-lo eis que chegaram os cães para agarrar a criança, ao mesmo tempo em que, enquanto morria, um irmão religioso a batizava.

Quando os espanhóis partiram desse reino, um dentre eles disse ao filho de um senhor de um povoado qualquer que partisse com ele: o menino respondeu que não queria deixar seu país. O espanhol redarguiu: Vem comigo ou então te cortarei as orelhas. O jovem índio persistiu, declarando que não queria deixar seu país. O espanhol, sacando do punhal, lhe cortou ambas as orelhas. Mas como o jovem continuasse a dizer que não queria deixar seu país, o espanhol cortou-lhe também o nariz com os lábios superiores, e tudo isso rindo, sem fazer o menor caso do crime que praticava como se não lhe estivesse aplicando mais do que um beliscão.

Esse homem danado se orgulhava e envaidecia vilmente perante um venerável religioso, dizendo trabalhar o mais que podia para engravidar o maior número possível de mulheres índias, a fim de receber mais dinheiro vendendo-as grávidas como escravas.

Nesse reino, ou numa província da Nova Espanha, certo espanhol ia certa vez com seus cães à caça; não encontrando o que caçar e percebendo que os cães tinham fome, agarrou uma criancinha que arrancou dos braços da mãe e, cortando-lhe os braços e as pernas, fê-los em pedaços, que distribuiu aos cães; quando os cães acabaram de comer esses pedaços atirou também o resto do corpo, isto é, o tronco, a todos os cães juntos. Nisto se vê quanto é grande a estupidez dos espanhóis nesses países, quão réprobos se volvem aos olhos de Deus e até que ponto levam em consideração que são criados à imagem de Deus e resgatados por seu Sangue. Veremos em seguida cousas ainda piores.

Deixando de parte as crueldades inauditas e infinitas que fizeram nesse reino homens que se dizem cristãos, crueldades que ninguém absolutamente poderia imaginar, quero concluir com o seguinte: é o caso que, havendo saído desse reino todos os tiranos diabólicos, cegos e cobiçosos das riquezas do Peru, o Padre Irmão Jacques, com quatro religiosos de São Francisco, foi para esse reino a fim de o pacificar e atrair a Jesus Cristo aqueles que pudessem ter escapado aos massacres tirânicos que ali durante sete anos os espanhóis haviam praticado. E creio que esses religiosos eram os mesmos aos quais, no ano de 34, certos índios da Província do México, enviando mensageiros diante deles, haviam requerido que entrassem em seu país a fim de lhes dar conhecimento de um Deus verdadeiro e senhor de todo o mundo. Por essa ocasião os índios mantiveram conselho a fim de saber que homens eram esses que se diziam Padres e Irmãos, o que pretendiam e no que diferiam dos espanhóis dos quais haviam recebido tantos ultrajes e injúrias; concordaram por fim em recebê-los, com a condição de que somente eles entrassem e não os espanhóis que estavam com eles; cousa que os religiosos lhes prometeram; pois que lhes era permitido, ou antes, ordenado pelo vice-rei da Nova Espanha proceder dessa maneira, com a garantia de que nenhum dissabor lhes seria causado pelos espanhóis. Os religiosos pregaram aos índios o Evangelho de Jesus Cristo, como costumam fazer, assim como as santas intenções dos reis de Castela, a respeito dos quais, durante os sete anos que se haviam passado, os espanhóis nunca lhes tinham dado notícia alguma, nem de que houvesse outro rei além daquele que os tiranizava e os destruía; ao cabo de quarenta dias desde que os religiosos ali tinham entrado e pregado, os senhores do país lhes trouxeram e puseram em suas mãos todos os ídolos a fim de que os queimassem; em seguida trouxeram também seus filhos a fim de que fossem instruídos, filhos esses que amam mais que a pupila dos próprios olhos. Construíam-lhes também igrejas, templos e casas. E algumas outras províncias chamaram e convidaram esses religiosos a fim de que lhes fossem pregar também e dar conhecimento de Deus e daquele a quem chamavam rei de Castela. E havendo sido persuadidos e induzidos pelos religiosos, fizeram uma cousa que jamais tinha sido feita nas Índias (pois tudo quanto foi narrado por alguns tiranos que devastaram esses reinos e grandes países, com o fim de denegrir e difamar os índios, não passa de falsidade e de mentira); é o caso de doze ou quinze senhores, que tinham muita terra e muitos súditos, reunindo cada qual o seu povo para receber sua opinião e consentimento, submeteram-se de livre e espontânea vontade aos reis de Castela, recebendo como Imperador o rei da Espanha por soberano senhor. Cousa de que fizeram também algumas assinaturas, que tenho comigo, assim como o testemunho dos próprios religiosos.

Estando assim os índios bem encaminhados na fé, com mui grande alegria dos irmãos religiosos e esperança de poder levar a Jesus Cristo a todos os habitantes desse reino, que restavam em pequeno número em virtude das matanças e guerras passadas, entraram nessa província dezoito espanhóis a cavalo e doze a pé, levando consigo muitas cargas de ídolos que haviam tomado aos índios em outras províncias. O capitão desses trinta espanhóis chamou um senhor da região por onde tinha entrado, ordenando-lhe que tomasse dos ídolos e os repartisse por todo o seu país, vendendo cada ídolo por um índio ou índia a fim de os fazer escravos, sob ameaça de que, se não obedecesse, lhe moveria guerra. O dito senhor, forçado pelo medo, distribuiu os ídolos por todo o país e ordenou a todos os seus súditos que os tomassem para os adorar e que em troca dessem índios e índias para serem escravos. Estando os índios intimados, os que tinham dois filhos davam um e os que tinham três davam dois. E assim esse cacique contentava esses espanhóis, porque não digo esses cristãos.

Um desses bandidos diabólicos, chamado João Garcia, estando doente e próximo da morte, e tendo debaixo do leito duas cargas de ídolos, ordenou a uma índia, que o servia, que não desse esses ídolos por ninharias, pois eram muito bons, e que não aceitasse menos de um escravo por peça: e enfim com esse testamento e última vontade, o desgraçado morreu, preocupado com uma ideia que o mandou para o fundo do inferno.

Que se veja e que se considere agora qual é o progresso da religião e quais são os bons exemplos dados pelos espanhóis que vão às Índias; de que maneira honram a Deus e de que maneira trabalham para que seja conhecido e adorado por essa gente e qual é o cuidado e atenção que põem no seu dever para que nessas criaturas seja semeada a crença e aumente a santa fé. E que se julgue também se o pecado desses espanhóis foi menor que o do rei Jeroboão *qui peccare fecit Israel*, fazendo os dois veados de ouro a fim de que o povo os adorasse; ou bem se esse crime não foi semelhante ao de Judas e se não causou ainda mais escândalos. Eis quais são as obras dos espanhóis que vão às Índias e que, verdadeiramente, muitas vezes, por avareza e para ter ouro, venderam e vendem, renegaram e renegam ainda hoje a Jesus Cristo.

Os índios, vendo que não era observado o que os religiosos haviam prometido e que os espanhóis lhes traziam ídolos de outros lugares para lhes vender sendo que eles haviam posto todos os seus em mãos dos religiosos a fim de que fossem queimados para que pudessem adorar o verdadeiro Deus, todo o país se amotinou e despeitou contra os irmãos religiosos; e os índios foram a eles dizendo: Por que nos mentistes, prometendo-nos, para nos enganar, que não entrariam espanhóis neste país? E por que foi que queimastes nossos deuses, se os espanhóis não nos trazem outros? Nossos deuses não eram tão bons como os das outras províncias? Os irmãos religiosos os apaziguaram da melhor maneira possível, não sabendo o que responder, e foram procurar os trinta espanhóis, aos quais explicaram o mal que tinham feito, rogando-lhes que dali se fossem. Cousa que os espanhóis não quiseram fazer, mas disseram aos índios que foram os próprios irmãos religiosos que os haviam feito ir para ali; esta malícia extrema deu assunto aos índios para quererem matar os irmãos religiosos; mas havendo eles sido advertidos por alguns índios, retiraram-se; uma vez reconhecida sua inocência e a maldade dos espanhóis bem esclarecida, os índios, com humilde perdão, enviaram-lhes mensageiros a cinquenta léguas de distância, rogando-lhes que voltassem. Os religiosos, como servidores de Deus e pastores daquelas almas, dando crédito aos mensageiros, voltaram e foram recebidos como anjos. E os índios fizeram-lhes mil gentilezas e assim durante quatro ou cinco meses permaneceram no meio deles. E pois que os espanhóis não quiseram nunca deixar esse país e que o próprio vice-rei, com tudo quanto podia fazer, não os pôde obrigar a retirar-se em virtude de estar a Nova Espanha muito longe dali, tendo chegado mesmo a proclamá-los traidores, e como não cessassem de praticar contra os índios os ultrajes e danos habituais, vendo então os religiosos que cedo ou tarde disso se ressentiriam e que possivelmente o mal poderia recair também sobre eles; e também por não poderem com repouso e segurança, deles e dos índios, pregar o Evangelho, isto em virtude dos assaltos contínuos e do mau comportamento dos espanhóis, deliberaram então deixar esse Reino, o qual ficou assim destituído de luz e de doutrina; e assim ficaram essas almas nas trevas da ignorância e no mesmo estado em que anteriormente se achavam.

CAPÍTULO 12

DA PROVÍNCIA DE SANTA MARTA

Se enumerasse crueldades, matanças, desolações, iniquidades, violências e massacres que os espanhóis cometeram, faria eu uma história bem grande.

A Província de Santa Marta era um país onde os índios tinham tudo cheio de ouro, sendo as terras, assim como suas vizinhas, bem ricas, e os habitantes industriosos na mineração do ouro. Isto deu causa a que, desde o ano de 1498 até o ano de 1542, tiranos diversos fossem continuamente com navios a praticar correrias nessa região, destruindo o país, matando e roubando essa gente, apoderando-se do que tinham de ouro e voltando sempre a seus navios, que iam e vinham frequentes vezes. Assim perpetraram nessas províncias grandes crueldades, comumente na costa do mar e algumas léguas pela terra adentro, durando isso até o ano de 1523, em que alguns outros tiranos espanhóis ali assentaram morada. E pois que o país, como se disse, era mui rico, ali se sucederam diversos capitães, cada qual mais cruel que o outro; de modo que pareciam porfiar em perpetrar crueldades cada vez maiores que as que o antecessor não tinha ainda praticado. No ano de 1529 foi para ali um tirano bem deliberado, com muita gente, sem temor algum de Deus, sem compreensão alguma do gênero humano, e praticou devastações e matanças tão grandes que ultrapassou a todos quantos ali haviam estado antes dele, roubando grandes tesouros pelo espaço dos seis ou sete anos que viveu; depois, tendo ele morrido sem confissão, e tendo fugido do lugar de sua residência, outros tiranos lhe sucederam, tão assassinos e ladrões como ele, os quais deram cabo do resto de gente que os tiranos precedentes não haviam podido extirpar. País adentro foram destruindo e desolando muitas províncias, matando e prendendo os habitantes pela maneira já praticada em outras províncias, aplicando torturas e tormentos aos senhores e a seus súditos a fim de os fazer descobrir ouro e lugares em que o havia. Como se disse, em número de malvadezas e maneiras de praticá-las ultrapassaram a todos os antecessores, de modo que desde o ano de 1529 até hoje tornaram desertas, nessas regiões, mais de quatrocentas léguas de terra, que não estavam menos povoadas que os outros países de que falamos.

Verdadeiramente, se eu tivesse que enumerar as crueldades, as matanças, as desolações, as iniquidades, as violências, os massacres e outros grandes pecados que os espanhóis fizeram e cometeram nessas províncias de Santa Marta, contra Deus e o Rei e contra essas inocentes nações, eu faria uma história bem grande. Mas isso se fará a seu tempo se para tanto Deus me conceder vida.* Direi somente algumas palavras do que escreveu o bispo dessa província ao rei nosso senhor: é a carta datada a 20 de maio de 1541. Entre outras cousas, nessa carta, o bispo diz o seguinte: Eu digo, Sacra Majestade, que o remédio para esta região é que Sua Majestade a ponha fora do poder dos padrastos e lhe dê um verdadeiro marido, que a trate como é justo e como merece, e isso o mais breve possível, pois doutro modo estou certo de que, com os tiranos que têm o governo e que a atormentam e a devastam, ela se acabará bem cedo etc. E mais abaixo: Por onde Vossa Majestade verá claramente de que modo os que têm o governo nestas regiões merecem ser denunciados e depostos do governo a fim de que as Repúblicas possam aliviar-se; pois se

---

* Posteriormente frei Bartolomé de Las Casas escreveu essa obra enorme que publicou sob o mesmo título de *Historia General de Las Indias* em que refere minuciosamente as atrocidades perpetradas nas várias colônias hispanoamericanas. (N.T.)

isto não se fizer, na minha opinião esses males não poderão jamais ser curados. Sua Majestade saberá também que nestes países não há cristãos; o que existe são diabos e não servidores de Deus e do Rei; o que existe são traidores à Lei e traidores ao Rei. E na verdade o maior empecilho que encontro em reduzir os índios que estão em guerra e pacificá-los e conduzir os que estão em paz ao conhecimento de nossa Fé é o tratamento desumano e cruel que aqueles que estão em paz recebem dos espanhóis, e disso estão de tal modo desgostosos e ultrajados que a nada têm mais ódio e mais horror do que ao nome de Cristãos, os quais em todos esses países são chamados Yares, que quer dizer Diabos. E em toda a extensão da palavra, eles têm razão. Pois os atos que praticam aqui não são nem de Cristãos, nem de homens que usem a razão e sim de diabos; de modo que os índios, vendo esse comportamento geralmente tão estranho a toda humanidade e a toda misericórdia, tanto nos chefes como nos asseclas, creem que os cristãos têm essas cousas por lei e que seu Deus e seu Rei são os autores desses atos. E querer trabalhar para persuadi-los do contrário seria querer trabalhar em vão e dar-lhes ainda mais assunto para se rir e ridicularizar Jesus Cristo e sua Lei. Os índios que estão em guerra, vendo o tratamento que se dá aos índios que estão em paz, preferem morrer duma só vez a suportar várias mortes sob o jugo dos espanhóis. Isto eu o sei por experiência, Invictíssimo César etc. E diz mais num capítulo abaixo: Sua Majestade tem por aqui um número de servidores muito maior do que pensa; pois de todos os soldados que aqui estão não há um que ouse dizer abertamente e publicamente que, se rouba, se devasta, se mata, se queima os súditos de Sua Majestade a fim de que lhe deem ouro, nisto não se serve de Sua Majestade sob pretexto de que uma parte reverte em benefício de Sua Majestade. Motivo pelo qual, César muito Cristão, seria bom que Vossa Majestade, castigando alguns rigorosamente, desse a entender que não recebe serviço algum de atos pelos quais Deus é desobedecido e desonrado. Tudo o que acima se leu são palavras formais do

Bispo de Santa Marta, pelas quais se vê claramente o que hoje em dia se faz em todos esses pobres países contra esses índios inocentes. Ele chama índios em guerra àqueles que fugiram para os montes para evitar as matanças dos malvados espanhóis. Ele chama também índios em paz àqueles que, depois de ter perdido uma infinidade de gente nos massacres, foram submetidos à horrível tirania e servidão, em virtude da qual acabaram por morrer, como se vê também pelo que diz o bispo, que todavia não fala senão muito pouco do que sofreram.

Os índios desse país, quando martirizados e conduzidos pelas montanhas a carregar bagagens, se veem a cair de fraqueza e de dor; os espanhóis lhes aplicam pontapés e pauladas e lhes quebram os dentes com os copos da espada a fim de que se levantem e caminhem para a frente sem tomar fôlego; então esses índios têm o costume de dizer: Como és malvado! Não posso mais! Mata-me aqui mesmo! Eu quero morrer aqui! E isto dizem com grandes suspiros e falando num fio de voz, por terem o coração oprimido, revelando grande angústia e dor. Mas quem poderia dar a entender a centésima parte das aflições e calamidades que os malditos espanhóis fazem sofrer a esses índios inocentes? Queira Deus fazê-las conhecidas daqueles que podem e devem remediá-las.

CAPÍTULO 13

Da Província de Cartagena

Esta Província de Cartagena está situada mais para baixo e a cinquenta léguas da de Santa Marta na direção do Ocidente, confinando com a Província de Cenu até o golfo de Vraba, que são cem léguas de costa marítima, havendo ainda uma grande região pela terra adentro na direção do Sul. Essas províncias, desde o ano de 1498 ou 99 até a hora presente, foram maltratadas e devastadas como as de Santa Marta; ali os espanhóis praticaram saques, pilhagens e crueldades enormes que, a fim de acabar mais cedo este breve sumário, não quero particularizar, para ter mais vagar e contar as crueldades que se perpetram em outras províncias.

CAPÍTULO 14

Da Costa das Pérolas e de Pária e da Ilha da Trindade

A tirania que exercem contra os índios lucaios, obrigando-os a pescar e extrair pérolas, é uma das mais cruéis que existem no mundo.

Desde a costa de Pária até o golfo de Venezuela excluído, que são umas duzentas léguas, os espanhóis fizeram grandes e estranhas devastações, assaltando os habitantes e tomando-os vivos no maior número possível a fim de os vender como escravos, e cativando-os às vezes com prometer-lhes segurança e amizade e rompendo depois a palavra dada; nada obstante o bom acolhimento que haviam recebido dessa boa gente, havendo sido agasalhados e tratados em suas próprias casas como pais e como filhos e usufruindo de tudo quanto os índios tinham e podiam, não obstante tudo isso, não se poderia nem claramente exprimir nem particularmente dizer quais e quantas foram as injustiças, as injúrias e as opressões que sofreram por parte dos espanhóis desde o ano de 1510 até a hora presente. Quero somente referir dois ou três atos que praticaram, pelos quais se poderá fazer uma ideia dos outros inumeráveis e malvados, dignos de serem castigados com todos os tormentos e fogo.

Na ilha da Trindade, que é muito maior e mais fértil que a Sicília, e que se junta à terra firme do lado de Pária, e onde os habitantes são os melhores e mais virtuosos de todas as Índias, entrou no ano de 1510 um bandido acompanhado de outros sessenta ou setenta bandidos e ordenaram aos índios, por publicações e advertências públicas, que fossem morar e viver com eles nessa ilha. Os índios os receberam como a suas próprias entranhas e filhos e tanto os senhores como os súditos os serviam com grande alegria, trazendo-lhes de comer dia por dia, o que daria para sustentar o duplo dos espanhóis; pois é hábito e liberalidade dos índios darem aos espanhóis, em grande abundância, tudo de que têm e de que se tem mais necessidade. Os espanhóis construíram uma grande casa de madeira a fim de que os índios ali morassem todos juntos; pois os espanhóis quiseram que houvesse uma só casa e não mais de uma, a fim de levar a cabo o projeto que tinham premeditado realizar: e realizaram-no. Ao colocar a palha nas vergas ou na madeira, e havendo-a amontoado já até à altura de dois homens, a fim de que os que estivessem dentro não pudessem ver os que estivessem fora, isto sob pretexto de adiantar a obra e a fim de que fosse logo terminada, puseram dentro muita gente e os espanhóis se dividiram, colocando-se uma parte fora, ao redor da casa, com suas armas para impedir os que pudessem querer sair, e outra parte deles se colocou dentro da casa. E então sacaram das espadas e começaram a ameaçar de morte os índios nus se se atrevessem a desobedecer, e amarrá-los. E os que fugiam foram feitos em pedaços; alguns dos índios fugiram, feridos ou não feridos, assim como outros, que não tinham entrado na casa, apanharam seus arcos e flechas e se reuniram em outra casa, em número de cem ou duzentos. E como defendessem a entrada, os espanhóis deitaram fogo à casa e queimaram-nos todos vivos. Em seguida foram com sua presa, que podiam ser uns cento e oitenta ou duzentos homens que tinham feito amarrar, e chegando à ilha de São João venderam a metade como escravos e na ilha Espanhola a outra metade. E como eu repreendesse o capitão autor dessa notável traição e maldade, na própria ilha de São João, respondeu-me: Senhor, esqueça isso; assim me ordenaram que fizesse os que me enviaram, com a instrução de que, se não pudesse prendê-los pela guerra, os prendesse sob aparência e pretexto de paz. E o próprio capitão me disse que nem seu próprio pai, nem sua própria mãe lhe haviam dado o tratamento que lhe dispensaram esses índios da ilha da Trindade; e disse isso com grande confusão, agravando ainda mais seus pecados. Fizeram um número infinito de cousas semelhantes na terra firme, prendendo essa pobre gente com a violação das garantias dadas. Que se veja bem de que espécie são esses atos: e se é justo que os índios assim presos possam com razão ser feitos escravos.

Doutra feita, os irmãos religiosos da nossa Ordem de São Domingos, tendo resolvido pregar e converter os índios que não tinham nem o remédio nem a luz da doutrina, a fim de lhes salvar a alma, estando como estão ainda hoje os índios, enviaram um religioso licenciado em teologia, homem virtuoso e santo em companhia de outro religioso leigo, a fim de ver o país e conhecer os habitantes, procurar e escolher um lugar propício para a construção de um mosteiro. Havendo os religiosos chegado, foram recebidos como anjos vindos do céu e o que nesse momento puderam dizer aos índios, mais por sinais de que por palavras, foi por eles ouvido com grande afeição, atenção e alegria. Mas aconteceu ter chegado um navio após a partida do que havia conduzido os religiosos, e os espanhóis desse navio, usando dos seus habituais processos diabólicos, por meio de mentiras e sem que os religiosos soubessem de cousa alguma, levaram consigo o chefe do país, chamado Dom Alonso, seja que os irmãos religiosos assim o tivessem chamado ou seja que outros espanhóis lhe tivessem dado tal nome. Pois os índios desejam e gostam de levar nomes cristãos e pedem-no imediatamente, mesmo antes de saber o que é necessário para serem batizados. Os espanhóis induziram, pois, fraudulentamente Dom Alonso a entrar no navio com sua mulher e outras pessoas, fingindo que queriam festejá-lo. Entraram por fim dezessete pessoas com o senhor e sua mulher, confiando este senhor em que os religiosos, que haviam entrado em seu país, impediriam que os espanhóis lhe fizessem algum mal; pois doutro modo não se teria nunca fiado aos espanhóis. Havendo os índios entrado no navio, os traiçoeiros espanhóis levantaram as velas, foram à ilha Espanhola e os venderam como escravos. Todo o povo, vendo que haviam sido levados o seu senhor e sua dama soberana, foram aos religiosos querendo matá-los. Os religiosos, ao par de tão grande malvadeza, ficaram muito aflitos, porque isso impedia que essas criaturas ouvissem a palavra de Deus e cressem nela. Apaziguaram todavia os índios o melhor que puderam, dizendo-lhes que com o primeiro navio que partisse escreveriam e tanto fariam que haviam de lhes devolver o senhor e mais as pessoas que estavam com ele. Deus enviou imediatamente um navio para ali, para confirmar mais altamente a condenação daqueles que governavam, e eles escreveram aos religiosos da ilha Espanhola, gritaram e protestaram mais de uma vez. Mas os auditores nunca lhes quiseram fazer justiça porque eles mesmos haviam tido parte na presa dos índios, que os tiranos haviam aprisionado tão injusta e tão malvadamente. Os dois religiosos que tinham prometido aos índios do país que seu senhor Dom Alonso com os outros voltariam em quatro meses, vendo que eles não voltavam nem em quatro nem em oito, prepararam-se para morrer e dar a vida a quem eles a tinham já oferecido, antes de partir da Espanha; e assim os índios vingaram-se matando-os e tiranizando-os apesar de serem inocentes; pois que pensavam que os religiosos haviam sido causa dessa traição e porque viam que o que se lhes havia prometido e garantido não tinha nenhum efeito: isto é, que em quatro meses teriam novamente seu senhor; e ignoravam, como ignoram até hoje nesses países, que existe alguma diferença entre os irmãos religiosos e os tiranos, os ladrões e os bandidos espanhóis. Os irmãos religiosos, bem-aventurados, sofreram pois injustamente; e por essa injustiça, não há dúvida alguma de que estejam hoje no seio de Deus, que quis que eles para ali fossem enviados por obediência, que tivessem a intenção de pregar e dilatar a santa fé e salvar todas aquelas almas e suportar todos os trabalhos e a própria morte quando lhes fosse apresentada por Jesus Crucificado.

Doutra feita, em consequência das grandes tiranias e atos execráveis dos maus cristãos, os índios mataram outros dois religiosos de São Domingos e um de São Francisco: cousa essa de que eu quero ser bom testemunho, por haver escapado miraculosamente à morte. E um fato de que seria difícil falar e que espantaria os homens pela gravidade e horror do caso. Motivo pelo qual, para não ser prolixo, não quero referi-lo, senão a seu devido tempo; e no dia do juízo esse fato se tornará mais claro, quando Deus tomar vingança de banditismos horríveis e abomináveis como são os que praticam aqueles que usam o nome de Cristãos contra os índios.

Outra vez, nessas províncias, no Cabo da Codera, como o chamam, havia um povoado cujo senhor se chama Higueroto, nome próprio de pessoa ou então comum aos senhores do lugar. Este senhor era tão amável e seus súditos tão virtuosos e serviçais que todos os espanhóis que ali chegavam em navios encontravam bom trato e gentileza. Esse senhor havia também libertado da morte a muitos espanhóis que ali se haviam refugiado. Outros que para ali tinham ido doentes e semimortos de fome haviam sido tratados e depois enviados sãos e salvos à ilha das Pérolas, onde havia espanhóis, e ele os teria podido matar se quisesse sem que ninguém jamais tivesse podido sabê-lo. De modo que todos os espanhóis diziam que os súditos de Higueroto eram a casa e o abrigo de todos. Mas um desgraçado tirano teve a ideia de assaltar também essa gente que pensava estar tão ao seguro; e tendo ido em navio, convidou grande número de pessoas a entrar nele, e como tinham o costume de se fiar nos espanhóis, muitos entraram, homens, mulheres e crianças, e então esse espanhol içou as velas e se foi para a ilha de São João, onde vendeu a todos como escravos. Eu estive na dita ilha nesse mesmo tempo e vi o tirano e o que ele fez. Havia destruído todo o povoado, fazendo com isso grande mal aos próprios tiranos espanhóis que tinham o costume de pilhar e roubar naquelas regiões e que tinham como cousa abominável esse ato espantoso, por terem perdido a casa e o abrigo que ali tinham e onde se sentiam como em sua própria casa.

Dispenso-me de narrar as maldades infinitas e os atos abomináveis que se praticaram nesse país e que ainda hoje se praticam.

De toda essa costa, que era muito povoada, tiraram mais de dois milhões de almas por meio de rapto para as ilhas Espanhola e de São João e em seguida mataram-nas todas, como jogar os índios às minas e outros trabalhos, além do grande número que já ali havia, como se disse antes. É cousa que causa uma enorme pena, que parte as fibras do coração por mais duro que seja, ver despovoada e deserta toda a costa de um país outrora povoado e fértil.

É cousa verificada que nunca levam navios carregados de índios raptados por meio de banditismos sem atirar ao mar a terça parte; isso sem contar os que são mortos quando querem agarrá-los em sua própria casa. A causa disto é que querem de todo modo chegar ao fim que tem em mira e para apanhá-los precisam de muita gente, segundo a quantidade de escravos; e não levam senão pequenas quantidades de carne e pouca água a fim de que os tiranos que se chamam equipadores de navios não gastem muito. E assim não as há senão apenas para os espanhóis que vão com os navios para saquear, não havendo nem carne nem água para os pobres índios; por isso morrem eles de fome e de sede e não há outro remédio senão atirá-los ao mar. E verdadeiramente um desses homens me disse que, desde as ilhas Lucaias, onde se fizeram grandes matanças desse gênero, até a ilha Espanhola, que são sessenta ou setenta léguas, um navio pode navegar sem compasso e sem carta marítima guiando-se unicamente pelo rastro de índios mortos que flutuavam sobre o mar, a que haviam sido lançados.

E depois, quando descem na ilha, onde são conduzidos para serem vendidos, é de partir um coração de pedra, por menor que seja a sua misericórdia, ver como vão indo, todos nus e esfaimados, a cair, e desfalecer de fome e de sede, crianças, homens velhos e mulheres. Então começam a dividi-los, separando-os como cabeças de reses, afastando os pais dos filhos, as mulheres dos maridos, reunindo-os em grupos de dez ou vinte e lançando sobre eles a sorte a fim de que os malditos armadores de navios tomem sua parte; esses armadores são os que equipam dois ou três navios para o exército dos tiranos corsários e bandidos que vão raptar e apanhar esses pobres índios em suas casas. E, quando a sorte cai sobre um grupo em que haja algum velho ou algum doente, o tirano a quem o grupo foi destinado manda o velho ao Diabo: por que mo dás tu a fim de que eu o enterre? E esse doente, por que me foi destinado a fim de que o faça pensar? Ora, que se veja por aí qual é a consideração que os espanhóis têm pelos índios e de que modo cumprem o mandamento de Deus sobre o amor ao próximo, do qual dependem a Lei e os Profetas.

A tirania que os espanhóis exercem contra os índios lucaios, obrigando-os a extrair e a pescar pérolas, é uma das mais cruéis que existem no mundo. Não há neste mundo vida mais desesperada que se lhe possa comparar, embora a de tirar o ouro seja em seu gênero muito dura. Põem-nos ao mar, três ou quatro braças dentro d'água, desde a manhã até o cair do sol, onde ficam continuamente nadando sem respirar, arrancando as ostras onde se engendram as pérolas. Sobem à superfície da água com uma rede cheia de ostras para tomar fôlego; ali, há um carrasco espanhol numa pequena barca e, se os infelizes ficam algum tempo a repousar, aplicam-lhes socos e arrastam-nos pelos cabelos a fim de que voltem a pescar. Sua carne é o próprio peixe que contém as pérolas, pão cazabi e alguns maiz, que são pães dessas regiões; um é de pouca substância e outro é muito difícil de fazer; e de ambos nunca lhes dão para que se saciem. O leito, que lhes dão para a noite, é colocá-los sobre um cepo na terra para que não fujam. Muitas vezes afogam-se, pescando no mar e no trabalho de procurar pérolas, e nunca mais retornam à superfície por causa dos tubarões e dos maroxos, que são duas espécies de monstros marinhos mui cruéis, que devoram um homem inteiro; matam-no e comem-no. Que se veja pois se nesse trabalho de pérolas são guardados os mandamentos de Deus, que se referem ao amor de Deus e do próximo, quando lançam esses infelizes ao perigo mortal para o corpo e a alma. Pois matam seus semelhantes pela sua avareza, sem que tenham eles recebido a fé e os sacramentos; dão-lhes uma vida tão horrível que se consomem e morrem em poucos dias, pois é impossível que os homens possam viver tanto tempo sob a água sem tomar alento e expostos ao frio contínuo; e, assim, morrem comumente expelindo sangue pela boca, em virtude de compressão do peito, pelo fato de estarem tanto tempo e tão continuamente sem respirar dentro d'água. Seus cabelos, que são de natureza negros, tornam-se queimados como o pelo dos lobos marinhos. Sai-lhes das espáduas uma espécie de sal, de sorte que parecem monstros com forma de homem ou alguma outra espécie de homens. Nesse trabalho insuportável, ou, para dizer melhor, nesse exercício diabólico, acabaram por consumir todos os índios lucaios: e cada índio lhes valia cinquenta ou sessenta castelhanos. Vendiam-nos publicamente, embora isso fosse proibido pelo que se chamava de justiça: pois os índios lucaios eram bons nadadores; ali mataram também um número infinito de índios de outras províncias.

CAPÍTULO 15

Do Riacho Yuya-Pari

Corre pela Província de Pária um riacho que tem o nome de Yuya-Pari, mais de duzentas léguas de terra adentro. Muitas léguas subiu pelo riacho acima um malvado tirano em 1529; ia ele com quatrocentos homens e por ali fez grandes matanças, queimando todos vivos e passando a fio de espada uma infinidade de gente que estava em seu país e em sua casa sem fazer mal a ninguém e que por isso mesmo não tinha medo nem suspeitava de nada. Por fim esse tirano morreu de morte má e seu exército se desfez. Depois dele, outros tiranos se sucederam perpetrando as mesmas atrocidades e tiranias e ainda hoje estão destruindo, assassinando e lançando ao inferno as almas que o Filho de Deus resgatou com seu sangue.

CAPÍTULO 16

DO REINO DA VENEZUELA

Assassinaram muitas nações, tendo chegado
mesmo a fazer desaparecer os idiomas
por não haver ficado quem os falasse...

No ano de 1526 o Rei nosso Senhor, induzido por enganos e persuasões nocivas, visto que os espanhóis tiveram sempre o cuidado de lhe ocultar os prejuízos e danos que Deus, as almas e o seu Estado recebem nessas Índias, entregou um grande reino chamado Venezuela (que é maior que toda a Espanha) com o governo e a total jurisdição a comerciantes alemães*, com certas capitulações e convenções que foram feitas entre eles. Estes, havendo entrado no país com quatrocentos homens ou mais, ali encontraram um povo bastante agradável, bondoso e dócil como cordeiros; eram como são em todas as outras partes das Índias antes que os espanhóis lhes façam mal. Para ali foram como tiranos incomparavelmente mais cruéis que todos os outros de que falamos; comportaram-se como feras mais desumanas que lobos e leões devoradores, pois ali tinham a jurisdição de todo o país, possuindo-o mais livremente, com cuidado maior e uma cegueira de avareza mais enraivecida; serviam-se de todas as práticas e indústrias para ter e roubar ouro e prata, mais que todos aqueles dos quais falamos; afastados de todo temor de Deus e do Rei, esqueceram também que eram homens.

---

* Em função de dívidas enormes, o rei Carlos V concedeu o litoral venezuelano à Casa dos Welser. O chefe da primeira expedição foi Ambrosio Alfinger.

Esses desumanos desolaram e destruíram mais de quatrocentas léguas de região muito fértil e nela províncias muito grandes e admiráveis, vales muito espaçosos, de quarenta léguas, e burgos muito povoados. Assassinaram muitas nações, tendo chegado mesmo a fazer desaparecer os idiomas por não haver ficado quem os falasse; excetuando-se alguns que se ocultaram em cavernas e nas entranhas da terra. Mataram e mandaram para o inferno, por crueldades de diversos feitios, mais de quatro ou cinco milhões de almas, e ainda hoje não cessam de fazer o mesmo com uma infinidade de injustiças, banditismos, matanças que fizeram e que fazem ainda.

Prenderam o soberano senhor dessa Província, sem causa alguma, somente para lhe tirar seu ouro, e puseram-no na geena; este senhor se desligou e fugiu para as montanhas; então seus súditos se levantaram e se amotinaram ocultando-se nas montanhas, entre moitas e bosques. Os espanhóis seguem-nos para procurá-los, encontram-nos e fazem cruéis massacres, e todos os que apanham vivos vendem-nos publicamente como escravos. Para os apaziguar, os índios os receberam com alegria e grande quantidade de presentes de ouro. O resgate que tiveram foi serem passados a fio de espada e feitos em pedaços. Certa ocasião, indo eles receber os espanhóis da maneira que se disse, o capitão alemão tirano fez pôr numa grande casa de palha um grande número de gente e fez cortar a todos em pedaços. E como havia no alto da casa algumas traves para onde vários subiram fugindo àquelas mãos sangrentas e à espada daquela gente, esse homem desumano (ó feras sem entranhas!) mandou pôr fogo à casa e todos os que ali estavam foram queimados vivos. Por essa ocasião o país ficou deserto, fugindo os habitantes de todos os lados para as montanhas. Vieram os tiranos aos confins da Província e Reino de Santa Marta onde encontraram os índios pacíficos, em suas casas, entregues a seus afazeres; estiveram muito tempo com eles, comendo seus bens, e os índios os serviam como se deles tivessem que receber a vida e suportando suas contínuas opressões e importunações ordinárias, que são intoleráveis. Por esse tempo os índios lhes deram grande soma de ouro por sua vontade espontânea, além dos outros inumeráveis serviços que lhes prestaram.

Por fim, como esses tiranos resolveram ir embora tiveram a ideia de compensar tantas gentilezas da maneira seguinte: o tirano alemão, governador, ordenou que se prendessem todos os índios que se pudesse encontrar com suas mulheres e filhos e, depois que os encerrassem num grande cercado feito para esse fim, então se lhes fizesse saber que quem quisesse sair e ser livre devia resgatar--se, segundo o arbítrio do injusto governador, pagando certa soma de ouro por si, outra pela mulher e outra para cada filho; e para constrangê-los bastante ordenou que não se lhes desse de comer até que cada qual tivesse dado o ouro correspondente à sua parte. Vários mandaram buscar o que tinham em casa e resgataram-se como lhes foi possível; esses ficavam livres e iam trabalhar para ganhar a vida. Mas o tirano enviou outros bandidos espanhóis para prendê-los novamente, depois de terem sido resgatados; são fechados no presídio onde são atormentados de fome e de sede a fim de que novamente resgatem a liberdade, e vários dentre eles foram presos e resgatados duas ou três vezes; quanto aos outros, que nada tinham para dar, o tirano os fez morrer de fome; e assim foi que se perdeu uma província muito rica em população e ouro, a qual tem um vale de quarenta léguas, onde foi queimado esse burgo que tinha mil casas.

Esse tirano teve a ideia de entrar pelo interior do país a fim de descobrir por essa direção o inferno do Peru. Em virtude dessa infeliz viagem ele e os outros trouxeram um número infinito de índios, os quais estavam acorrentados e vinham por isso arrastando um peso de três ou quatro quintais. Se alguém estava fraco ou desfalecendo de fome ou morrendo de trabalho decepavam-lhe incontinenti a cabeça contra o colar das cadeias a fim de que não fosse preciso desacorrentar os outros que iam dentro dos colares e desse modo caía a cabeça de um lado e o corpo do outro; e a carga daquele que havia desfalecido era dividida e lançada sobre os que restavam. Dizer quantas províncias tornou desertas, quantos burgos e lugares incendiou (pois as casas são todas de palha) e o rol de gente que assassinou e as mortes particulares que cometeu por esse caminho seria cousa incrível, porém verdadeira e cheia de horror. Por esse mesmo caminho andaram depois outros tiranos que vieram da Venezuela e outros da província de Santa Marta, com a mesma intenção de descobrir essa mesma santa casa de ouro do Peru: e encontrando toda a região (num cumprimento de mais de duzentas léguas) incendiada, despovoada e deserta, maravilharam-se e espantaram-se de ver os vestígios da devastação lamentável que ficava por onde aquele havia passado.

Todas essas cousas foram provadas, com muitos testemunhos, pelo fiscal do Conselho das Índias; e as provas estão guardadas no mesmo Conselho; e se nunca se queimaram vivos alguns desses tiranos, isto nada prova em contrário do que fizeram em ruínas e males porque todos os ministros da Justiça que até esta hora têm estado nas Índias, em virtude de sua condenável cegueira, nunca se deram ao trabalho de examinar os delitos, perdas e matanças que perpetraram e perpetram ainda nesta hora todos os tiranos das Índias: limitam-se a dizer que, porque tal ou tal outro tratou mal os índios, o Rei perdeu de sua renda tal ou tal números de milhares de castelhanos; e basta-lhes essa pequena prova, muito geral e confusa, para retomar a prática de tantas atrocidades. E apesar de fazerem tão pouco, não sabem nem mesmo verificar o que fazem, nem se fazer valer como deveriam; pois se fizessem o que devem a Deus e ao Rei, veriam que os tiranos alemães roubaram ao Rei de Castela mais de três milhões de castelhanos de ouro; pois essas províncias de Venezuela, assim como outras que arruinaram e despovoaram, mais de quatrocentas léguas de comprimento, como já disse, são o país mais bem-aventurado e mais rico de ouro, e estava mais povoado que qualquer outra região do mundo, de maneira que fizeram perder nesse reino, ao rei da Espanha, mais de dois milhões de renda nos dezessete anos que há desde que esses inimigos de Deus e do Rei começaram a destruir o país; e não há esperança alguma de que essas perdas possam jamais ser reparadas enquanto o mundo for mundo; a menos que Deus faça por milagre ressuscitar tantos milhões de almas quantas foram assassinadas.

Quero concluir suas crueldades com o seguinte: desde que entraram no país até o presente, isto é, nestes dezessete anos, enviaram por mar muitos navios carregados e cheios de índios para vendê-los como escravos em Santa Marta, na ilha Espanhola, na ilha de Jamaica e na ilha de São João, num total de mais de um milhão; e ainda hoje, neste ano de 1542, estão fazendo o mesmo sob os olhos da própria Audiência Real dessa ilha Espanhola, que finge não ver cousa alguma, que suporta e até favorece tudo isso; é assim também que essa mesma Audiência tem os olhos fechados para todas as outras tiranias e devastações infinitas que foram feitas em toda essa costa de terra firme, que são quatrocentas léguas que estiveram e estão ainda hoje, assim como a Venezuela e Santa Marta, sob a sua jurisdição; males a que a Audiência poderia ter dado um remédio e um paradeiro. Outra causa não houve nunca que justificasse a escravização de todos esses índios, senão a perversa, cega e obstinada vontade e a miserável cupidez que esses avarentíssimos tiranos têm de possuir e cumular-se de grandes bens; cousa que moveu também a todos os outros déspotas em todas essas Índias, levando-os a apoderar-se desses pobres cordeiros e ovelhas em suas casas, e afastando-os de suas mulheres e filhos pela maneira cruel e execrável que já se viu, e estigmatizando-os com o ferrete do rei para vendê-los como escravos.

CAPÍTULO 17

DAS PROVÍNCIAS DA TERRA FIRME ATÉ A FLÓRIDA

Seus nomes são tidos em infâmia e horror por matanças que praticaram, todavia não maiores porque Deus os puniu de morte antes que praticassem mais...

A essas províncias chegaram três tiranos em tempos diversos, desde o ano de 1510 ou 1511 para ali praticar atos da mesma natureza que os outros, e que dois deles já haviam praticado em outras regiões das Índias para subir a posições que absolutamente não convinham com eles*, isto é, posições mais altas que aquelas que seus méritos podiam suportar, e tudo feito à custa do sangue e da destruição do próximo. Morreram os três de morte má e com eles foram destruídas suas casas, em tempos idos construídas sobre os alicerces do sangue humano, como posso bem testemunhar a respeito de todos três, e sua memória já se apagou da superfície da terra, como se nunca tivessem existido neste mundo. Deixaram todo esse país em desordem e confusão e seus nomes são tidos em infâmia e horror por certas matanças que praticaram, não todavia muito numerosas porque Deus os puniu de morte antes que praticassem mais; e lhes havia preparado o castigo nesse país, por causa dos males que sei e que os vi fazer em outras partes das Índias. O quarto tirano para ali foi ultimamente, no ano de 1538; esse estava bem deliberado a agir como os outros e bem equipado, mas há três anos que dele

---

* Las Casas refere-se a Juan Ponce de León, Vasquez de Ayllón e Pánfilo de Narváez.

não se têm notícias. Estamos certos de que incontinenti, logo à sua chegada, se comportou cruelmente e desde então como que se esvaiu; mas se ainda está vivo, ele e seus homens nestes três anos destruíram muita gente, se a encontraram pelos lugares onde passaram; pois esse déspota é um dos mais notáveis dentre aqueles que rastrearam tantas ruínas em outros reinos; motivo pelo qual eu creio que Deus lhe deu o mesmo fim que aos outros.

Três ou quatro anos após a saída da Flórida do resto de tiranetes que para ali haviam ido com o tirano-mor, que ali ficara morto, ouvimos esses tiranetes narrarem as crueldades que, enquanto estava o tirano-mor vivo, e principalmente após a sua desgraçada morte, esses homens desumanos perpetraram contra esses índios inocentes; essas crueldades foram tão clamorosas, contra Deus e contra o próximo, que tenho até nojo de recitá-las.

Encontraram muitos povos populosos, virtuosos e bem governados e praticaram entre eles assassinatos infinitos a fim de lhes incutir no coração um terror mortal.

Entrando num povoado onde foram bem recebidos, havendo-lhes dado os índios tudo quanto era necessário e grande número dos seus para servi-los, um capitão, parente do tirano-mor, voltou para assaltar todo o povo que de nada desconfiava, matou o senhor do país, exercendo também uma infinidade de outras atrocidades.

Em outro burgo, que mantinha sob sua guarda, porque eram vizinhos e estavam aterrados com os atos horríveis que ouviam narrar, passou a fio de espada pequenos e grandes, jovens e velhos, sem pena de ninguém.

O tirano-mor fez cortar o nariz e os lábios até a barba a um grande número de índios que se havia mandado buscar em certo burgo ou que então tinham vindo de livre vontade. E assim, nesse estado indizível e nessas dores e amarguras, a escorrer sangue, ele os mandou de novo para o seu destino a fim de que levassem a notícia das obras e dos milagres que esses pregadores da Santa Fé Católica batizados andavam realizando. Que se julgue neste momento que gente era essa, qual era o amor que tinha aos cristãos e de que feitio acreditava ser esse Deus que dizem ser bom e justo e cuja lei e religião, de que fazem profissão, é sem mácula. Mui grandes são os males que cometeram esses infelizes filhos da perdição. E assim o malvado e infeliz capitão morreu sem confissão, e não duvidemos absolutamente de que tenha sido sepultado no inferno, se porventura Deus secretamente não o admoestou, segundo sua divina misericórdia e não segundo seus deméritos, por causa dos seus tão execráveis atentados.

CAPÍTULO 18

DO RIACHO DE LA PLATA

"Nós viemos os servir em paz e vós nos matais; nosso sangue fica nessas paredes em testemunho da nossa morte injusta e de vossa crueldade."

Desde o ano de 1522 ou 23, alguns capitães fizeram várias viagens ao riacho da Prata, onde há grandes reinos, províncias e gente de boa disposição, mui capaz de razão. Sabemos em geral que ali fizeram muitas matanças e destruições; mas como esse país está muito afastado das Índias de que mais se fala, não poderíamos dizer cousas notáveis em particular; todavia não duvidamos de maneira alguma que ali tenham feito e que façam ainda hoje as mesmas cousas que já se viram ter sido feitas e que são ainda feitas nas outras regiões, pois são os mesmíssimos espanhóis e entre eles há alguns daqueles que se encontraram em outros atos e façanhas. E para ali vão eles para tornar-se ricos e grãos-senhores como os outros, cousa que não podem fazer sem perder, roubar e diminuir os índios de acordo com os métodos e os processos que empregaram os outros.

Após haver escrito o que se leu acima, eu soube com verdade que devastaram e despovoaram grandes províncias e reinos nessa região, praticando matanças e crueldades estranhas no país dessa pobre gente, pelas quais se tornaram tão notáveis ou ainda mais que os outros porque além de tudo tinham mais comodidade; estando muito afastados da Espanha, ali viveram mais desordenadamente e sem que houvesse justiça, embora justiça nunca tenha havido em parte alguma das Índias, como ressalta suficientemente do que acima se disse.

Entre outras coisas infinitas foram levadas ao Conselho das Índias também as seguintes: Um tirano governador mandou a alguns dos seus que fossem a certos arraiais dos índios e que, se não lhes dessem de comer, matassem a todos. Para ali foram eles com essa autorização. E pois que os índios não quiseram entregar-se a eles, como a seus inimigos, fugindo-lhes mais por medo de vê-los do que por falta de liberalidade, os espanhóis passaram a fio de espada mais de cinco mil índios.

Certo número de índios pacíficos vieram pôr-se em suas mãos oferecendo-lhes seus serviços, que eles haviam mandando pedir: mas como não vinham bastante depressa, ou então, segundo o costume que têm, pelo fato de querer gravar neles um temor horrível e espantoso, o governador ordenou que fossem entregues aos outros índios que os consideravam inimigos, motivo pelo qual, chorando e suplicando, imploravam que os matassem os espanhóis mesmos e não os entregassem a seus inimigos; e não querendo sair da casa em que estavam, foram feitos em pedaços enquanto gritavam e diziam: Nós viemos vos servir em paz e vós nos matais; nosso sangue fica nessas paredes em testemunho de nossa morte injusta e de vossa crueldade. Por certo, esse foi um ato assinalado, digno de consideração e, mais ainda que isso, digno de ser lamentado.

CAPÍTULO 19

Dos Grandes Reinos do Peru

Mas por fim, não mantendo (como nunca mantiveram) nem a fé jurada nem a verdade, amarraram-no, estrangularam-no e finalmente o queimaram...

No ano de 1531 foi outro grão-tirano com alguns dos seus aos reinos do Peru, onde, entrando com o mesmo título e intenção de todos os outros, ia devastando povoados e vilas, matando os habitantes e causando tantos males nesse país, que asseguro não haver homem algum que possa narrá-los e apresentá-los como o deveriam ser aos olhos do leitor. Quanto a mim, se quisesse apresentar ao ingênuo algumas de suas crueldades, isso me seria impossível sem as decifrar como merecem.

    Logo à sua infeliz entrada nessa ilha devastou várias povoações, roubando-lhes grande quantidade de ouro e outras riquezas. Numa ilha que está perto da mesma província, e que se chama Pugna, mui povoada e agradável, o Senhor com o povo recebeu os espanhóis como se fossem anjos descidos do céu; e seis meses depois, como os espanhóis tivessem comido todas as provisões, os índios descobriram-lhes também grande quantidade de bons trigos que guardavam cuidadosamente por sob a terra para seu uso próprio e para suas mulheres e seus filhos, na previsão de alguma época de seca ou esterilidade; apresentaram-lhes o trigo com muitas lágrimas, para que o gastassem e comessem à vontade. Por fim, a recompensa que tiveram foi que os espanhóis passaram tudo a fio de espada e fizeram grande quantidade de escravos. Dali foram à Província de Tambala que está em terra firme e onde mataram e destruíram tanta gente quanto puderam destruir e matar; e pois que os índios fugiam, espantados por tantos crimes horríveis, fizeram correr a notícia de que se rebelavam contra o rei da Espanha; esse tirano, enquanto viveu, tinha o processo e o costume de ordenar a todos quantos prendia ou a todos que lhe trouxessem presentes de ouro ou prata, que lhe trouxessem cada vez mais até que visse que já lhes era impossível satisfazê-lo. E então começava a dizer que os recebia como vassalos e súditos do rei da Espanha, acariciava-os e fazia soar duas trombetas, dando-lhes a entender que dali por diante não mais os prenderia nem lhes faria mal algum.

Alguns dias depois, o Rei universal e Imperador desses reinos, chamado Ataualpa, veio acompanhado de muita gente nua que trazia suas armas ridículas, não sabendo absolutamente como as espadas cortavam, como as lanças fendiam, como os cavalos corriam nem que esses espanhóis eram uma espécie de gente tal que, se os diabos tivessem prata, tratariam de descobrir o meio de roubá-los. O rei veio ao lugar em que estavam os espanhóis, dizendo: Onde estão esses espanhóis? Que venham para aqui, não me moverei daqui enquanto não me derem satisfação pelos meus súditos que mataram, pelas minhas aldeias que despovoaram e pelas minhas riquezas que roubaram. Os espanhóis foram contra ele matando-lhe uma infinidade de gente. Apoderaram-se também de sua pessoa, que vinha trazida por uma liteira a mão. Tratam com ele para que se resgate. O rei promete dar quatro milhões de castelhanos e os espanhóis prometem soltá-lo, mas por fim, não mantendo (como nunca mantiveram) nem a fé jurada nem a verdade, amarram-no, ordenando-lhe que por seu comando se reúna sua gente. O Rei respondeu que em todo esse país não se faria mover uma folha de árvore sem sua ordem; que se ele reunisse gente, deviam crer que era por sua ordem; e que, quanto a ele, era prisioneiro e podiam matá-lo. Não obstante, condenaram-no a ser queimado vivo; mas, a pedido de alguns, o capitão resolveu que fosse estrangulado; e, havendo sido estrangulado, foi queimado. Esse rei, tendo ouvido sua sentença, disse: Por que me queimais? Que foi que vos fiz?

Não prometestes dar-me a liberdade se vos desse ouro? E não vos dei mais do que havia prometido? Pois que assim o quereis, enviai-me ao vosso rei da Espanha... dizendo ao mesmo tempo palavras confusas de abominação pela injustiça dos espanhóis: e por fim o queimaram. Que se considere aqui a que título e com que direito foi feita essa guerra, o aprisionamento desse senhor, a sentença e a execução de sua morte e com que consciência esses tiranos possuem tão grandes tesouros como são os que roubaram nesses reinos a esse rei assim como a um número infinito de outros senhores e particulares.

Quanto às crueldades notáveis cometidas contra essa gente por aqueles que se dizem cristãos, quero aqui referir algumas que um religioso de São Francisco viu no começo e certificou com seu nome e sua assinatura, documento esse de que tenho uma cópia assinada por seu próprio punho e no qual diz o seguinte:

"Eu, Frei Marc de Nise, da Ordem de São Francisco, Comissário superior dos outros irmãos da mesma ordem nas Províncias do Peru, que fui dos primeiros religiosos a entrarem nas ditas províncias com os Espanhóis: Eu digo, dando verdadeiro testemunho de algumas cousas que vi de meus próprios olhos nessas províncias e que concernem ao tratamento e conquistas feitas sobre os naturais do país. Primeiramente, sou testemunha ocular e tenho como cousa bem certa que esses índios do Peru são a mais amável das gentes que se tem visto entre os índios, sendo afáveis e amigos dos espanhóis; e vi que lhes davam ouro em abundância, assim como prata e pedras preciosas e tudo o mais que lhes pediam, prestando ainda todos os serviços. E os índios nunca se declararam em guerra, senão que estiveram sempre em paz, enquanto os espanhóis não lhes deram ocasião de guerra em virtude dos maus tratos e da crueldade; e ao contrário, receberam os espanhóis com toda amizade e honra nos povoados, dando-lhes de comer e todos os escravos machos e fêmeas que pediam para seu serviço.

"*Item*, sou testemunha de que, sem que esses índios tivessem dado motivo algum, os espanhóis, logo que entraram em seu país, e depois de haver o grande cacique Ataualpa dado aos espanhóis mais de dois milhões de ouro e haver-lhes submetido o país sem resistência, incontinenti os espanhóis queimaram Ataualpa, que era senhor de todo o país. E depois dele queimaram seu capitão geral, Coshilimaca, o qual tinha vindo pacificamente ao Governador com outros grandes senhores. Poucos dias depois queimaram um grão-senhor, chamado Chamba, da Província de Quito, sem que ele tivesse culpa alguma e sem que para tanto lhes tivesse dado o menor motivo. Do mesmo modo queimaram injustamente a Schapera, senhor de Canarianos. Também queimaram os pés a Aluis, grão-senhor entre todos os de Quito e lhe fizeram sofrer vários outros tormentos para obrigá-los a dizer onde estava o ouro de Ataualpa; tesouro a cujo respeito, como bem se viu, ele nada sabia. Também queimaram eles, Cocopanga, que era governador de todas as províncias de Quito e que, segundo o pedido que lhe havia feito Sebastiam de Bernalcaçar, capitão do Governador, tinha vindo em missão de paz; mas como não dava tanto ouro quanto lhe pediam, queimaram-no com muitos outros caciques e senhores. E segundo pude ouvir, a intenção dos espanhóis era que não ficasse um único senhor em todo o país.

"*Item*, certifico que os espanhóis reuniram grande número de índios e os fecharam em três grandes casas, tantos quantos em cada uma delas podia caber e deixando-lhes fogo, queimaram-nos todos sem que para tanto tivessem dado o menor motivo aos espanhóis. E aconteceu que um padre, que se chama Ocanha, tirou um rapaz do fogo, em que estava ardendo; vendo isso, um espanhol arrancou-lhe o rapaz das mãos e o lançou ao meio das chamas onde, como todos os outros, foi convertido em cinzas. Esse mesmo espanhol, voltando ao campo no mesmo dia, caiu subitamente morto no caminho e minha opinião era que não se devia enterrá-lo.

"*Item, afirmo ter visto com meus próprios olhos que os espanhóis cortaram as mãos, o nariz e as orelhas de índios e índias sem nenhuma causa nem propósito, senão porque isso estava no capricho de sua fantasia e assim procederam em tantos lugares e em tantas regiões que seria muito prolixo recitá-los. E vi também que os espanhóis fizeram correr os cães sobre os índios para fazê-los em pedaços; e os vi queimarem um número tão enorme de casas e de povoados que não poderia nunca dizer quantos. É também mui verdadeiro que arrancavam as criancinhas dos seios das mães e que, pegando-as pelos braços, as arremessavam tão longe quanto podiam; no mesmo sentido perpetraram outras enormidades e atrocidades sem causa alguma, que só de vê-las me davam medo e que seria demasiado longo referi-las.*

"*Item, eu os vi ordenarem aos caciques e índios principais que fossem pacificamente e sem nenhuma desconfiança ter com eles, prometendo-lhes salvo-conduto: E logo que chegavam, queimavam-nos. Na minha presença mesmo queimaram dois, um em Andon e outro em Tumba. E eu já não sabia mais o que fazer para impedi-los de queimar, embora lhes pregasse segundo Deus e a minha consciência, da melhor maneira que podia. Os índios do Peru não se sublevaram nem se rebelaram por outra causa senão pelos maus tratos que se lhes faziam, como cada qual via pelos próprios olhos; e assim procediam por uma causa muito justa, visto que os espanhóis não guardaram nunca nem a verdade nem a fé que lhes haviam prometido, que agiam com eles tiranicamente, contra toda razão e justiça, procedendo assim com todo o país, fazendo-lhes ultrajes tais que estavam todos deliberados a morrer antes que suportá-los novamente.*

"*Item, eu digo que há escondida uma quantidade de ouro muito maior que a que veio à luz e que, por causa das crueldades dos espanhóis, os índios não quiseram descobrir e não descobrirão nunca enquanto forem tão maltratados; preferirão entrementes morrer como os outros; cousa em que Deus foi muito ultrajado e Sua Majestade mal servida, sendo defraudada com ter perdido um país tal, que facilmente poderia dar de comer a toda Castela; país que, para recobrá-lo, haverá grandes dificuldades, gastos e custos."*

Todas essas palavras são formais do citado religioso e ratificadas pelo Bispo do México, que testemunha ter o padre Marc afirmado tudo o que se leu acima.

Devemos considerar aqui que o padre disse o que viu, porque esteve cinquenta ou cem léguas país adentro pelo espaço de nove ou dez anos, no começo, quando havia ainda poucos espanhóis; mas ao som do ouro há agora vinte e quatro ou vinte e cinco mil que se espalharam por muitos grandes reinos e províncias, por mais de quinhentas ou seiscentas léguas, havendo destruído tudo inteiramente, habitantes e coisas, sendo esses espanhóis ainda mais selvagens e cruéis. Verdadeiramente, desde esse tempo até a hora presente, destruíram-se e desolaram-se mil vezes mais almas do que se tenha contado; e destruíram sem o menor temor de Deus e do Rei e com menos piedade ainda uma grande parte do mundo: até hoje mataram nesse Reino (e estão ainda matando) mais de quatro milhões de pessoas.

Há alguns dias passados lançaram com dardos de cana e fizeram morrer uma poderosa rainha, mulher de Elingue, que ainda é rei desse Reino e sobre quem, havendo os espanhóis deitado a mão, fizeram-no rebelar-se e rebelde ainda permanece; prenderam a rainha sua mulher e mataram-na contra toda justiça e razão, grávida que estava e, como diziam, somente para causar aborrecimentos a seu marido.

Se tivéssemos que referir as particularidades das crueldades e matanças que os espanhóis cometeram e cometem ainda diariamente no Peru, sem dúvida alguma falaríamos de cousas tão espantosas e em tão grande número, que tudo o que se disse do tirano que veio primeiramente, e de tudo quanto se praticou em outras partes das Índias, ficaria esmaecido e pareceria pouca cousa em face da gravidade e grande número dos crimes que se perpetram no Peru.

CAPÍTULO 20

Do Novo Reino de Granada

Eram carniceiros notáveis, iníquos e cruéis,
que tinham como única profissão a de
derramar o sangue humano...

No ano de 1539 houve diversos tiranos concorrentes, vindos da Venezuela, de Santa Marta e de Cartagena em busca do Peru para tentar entrar nesse país; encontraram para além de Santa Marta e Cartagena, a trezentas léguas de terra adentro, terras férteis e províncias admiráveis, cheias de um número infinito de habitantes, muito amáveis como os outros e muito ricos, tanto em ouro como em pedras preciosas, dessas a que se dá o nome de esmeraldas. Províncias a que deram o nome de Novo Reino de Granada porque entre eles havia alguns nativos do Reino de Granada*, que fica para aquém. E como vários homens iníquos e cruéis, dos que faziam banditismo nessas regiões, eram carniceiros notáveis, que tinham como profissão derramar o sangue humano, tendo além disso a prática e a experiência das façanhas retro mencionadas em várias regiões das Índias, suas obras diabólicas foram tais e tão numerosas e praticadas em circunstâncias tão odiosas e horríveis que excederam de muito às outras, isto é, todas as obras que foram praticadas pelos outros e por eles mesmos em outras províncias.

Referirei algumas, da infinidade de façanhas que cometeram nesses três anos e que ainda hoje não cessam de cometer. Um governador, visto que aquele que roubava e matava o novo reino

---

* Atual Colômbia.

de Granada não quis admiti-lo como companheiro de roubos e matanças, fez um inquérito com provas contra ele, fundado em numerosos testemunhos das matanças, desordens e assassinatos que tinha feito e que faz ainda; esse inquérito com sua prova foi lido e se guarda no Conselho das Índias.

Os testemunhos depõem nesse inquérito que, estando todo esse Reino em paz, os índios a servir aos espanhóis, dando-lhes de comer à custa do seu suor, trabalhando continuamente e cultivando-lhes as terras e trazendo-lhes muito ouro e pedras preciosas, ou seja, esmeraldas, e tudo quanto podiam trazer e tudo quanto havia nas vilas, os senhores e o povo foram escravizados e divididos entre os espanhóis, escravização que é a única pela qual se interessam porque é o meio de chegar a seu fim último, que é o ouro; e estando todos submetidos à tirania e servidão habitual, o capitão tirano-mor que dirigia esse país prendeu o senhor e rei de toda a região e o manteve prisioneiro seis ou sete meses, exigindo-lhe ouro e esmeraldas sem causa nem motivo algum; esse rei, que se chamava Bogotá, pelo temor que lhe haviam incutido, disse que lhes daria uma casa de ouro esperando escapar às garras daquele que o afligia e enviou índios para que lhe trouxessem ouro; e trouxeram-lhe grande quantidade de ouro e pedras preciosas; mas como o rei não dava a casa de ouro, os espanhóis diziam que o matariam porque não cumpria o que havia prometido. O tirano ordenou então que diante dele mesmo o rei fosse julgado. Assim constrangem e acusam o maior rei desse país, e o tirano, dando a sentença, o condenou a ser atormentado e acorrentado se não desse a casa de ouro. Deram-lhe o tormento e o suplício do mastro de cordas*; puseram-lhe gordura fervendo no ventre; puseram-lhe

---

* No original, *estrapade de corde*, suplício que consiste em suspender o paciente, amarrado a uma corda no alto de um mastro, com as mãos e os pés ligados ao dorso, e arremessá-lo uma ou mais vezes à terra. Este suplício era aplicado aos marinheiros rebeldes nos navios bucaneros; neste caso o paciente é precipitado ao mar sucessivamente. A *estrapade de corde* era aplicada aos indígenas com requintes de crueldades; cada vez que batiam à terra voltavam mais ensanguentados. (N.T.)

ferros aos pés, que estavam amarrados a uma estaca enquanto, com o colo ligado a outra estaca, suas mãos eram seguradas por dois homens enquanto lhe punham fogo nos pés. E o tirano vinha de vez em quando dizer que o mataria pouco a pouco se não lhe desse ouro. E assim consumiu, fez morrer o senhor nesses tormentos; enquanto durava essa tortura Deus mostrou sua desaprovação por essas crueldades fazendo incendiar-se toda a vila em que era praticada. Todos os espanhóis, para seguir seu bom capitão e por não saber fazer outra cousa além de partir em pedaços essa pobre gente, imitaram o exemplo; torturaram índio por índio com diversos e selvagens tormentos; torturaram o cacique e senhor do povo com todos os índios que lhes haviam sido dados; o senhor e todos os seus índios os serviram e deram-lhe ouro e esmeraldas enquanto as tiveram e puderam dar; e torturaram-nos unicamente para que lhes dessem ainda mais ouro e pedrarias; e assim queimaram e mataram a todos os senhores desse país.

Em virtude do grande medo inspirado pelas notáveis crueldades que um dos tiranos particulares andava perpetrando contra os índios, fugindo a tão enormes atrocidades, um grão--senhor, chamado Daytama, com muitos dos seus se transportou para os montes: mas a esta fuga, que por eles é considerada como remédio e refúgio, se lhes pudesse valer, os espanhóis denominam sublevação e rebelião. Havendo este fato sido levado ao conhecimento do capitão tirano principal, este enviou um reforço de gente ao tiranete cruel, por cujas execrações os índios que estavam em paz e que tinham suportado tão grandes tiranias e maldades tinham ido para as montanhas a fim de que ele fosse procurá-los; mas como não bastava aos índios esconderam-se nas entranhas da terra, ali encontraram os tiranos grande quantidade de gente e mataram e assassinaram mais de quinhentos, homens, mulheres e crianças, pois não tinham compaixão de ninguém. Dizem também os testemunhos que, antes que os espanhóis o fizessem morrer, o mesmo senhor Daytama tinha ido ao cruel tirano a quem havia levado quatro ou cinco mil castelhanos, apesar de que esse tirano praticou o assassinato referido.

Doutra feita, tendo vindo muitos índios para servir os espanhóis e estando a servi-los com essa humildade e essa simplicidade que costumam ter, e considerando-se seguros, eis que por certa noite o capitão foi à vila em que serviam, ordenando que esses índios fossem passados a fio de espada quando já houvessem comido e estivessem dormindo, repousando dos trabalhos do dia; e assim procedeu porque lhe parecia que era bom executar esse massacre com o fim de incutir o terror no coração de toda a gente desse país.

Outra vez o capitão ordenou que os espanhóis declarassem sob juramento quantos índios tinha cada qual em sua casa a seu serviço, entre caciques, senhores principais e índios da comuna, e que incontinenti fossem todos levados à praça onde ordenou que se lhes cortasse a cabeça; assim foram mortas quatrocentas ou quinhentas pessoas.

E os testemunhos falam acerca de certo facínora particular declarando que havia exercido grandes barbáries, matando e cortando as mãos e o nariz a muitos homens e mulheres e destruindo gentes inumeráveis.

Em outra ocasião, o capitão enviou o mesmo cruel homem com alguns espanhóis à Província de Bogotá para informar-se de quem era o senhor que havia sucedido nessa província ao senhor universal que ele havia feito assassinar com crueldades e torturas: o facínora caminhou por muitas léguas de país, prendendo tantos índios quantos pôde. E como não disseram quem era o novo senhor, a uns cortou-lhes as mãos e a outros, homens e mulheres, fê-los lançar aos cães enraivecidos, que os fizeram em pedaços. E dessa maneira matou e destruiu muitos índios e índias. E um dia, na véspera da quarta noite, foi arremessar-se sobre os caciques e muitos índios que estavam em paz e tranquilos, pois que se lhes tinha dado a palavra e a certeza de que não se lhes faria nenhum mal, nem se lhes causaria nenhum dano, compromisso esse pelo qual haviam saído das montanhas, onde estavam escondidos, para povoar o planalto onde ficava seu povoado. E tendo voltado assim, sem nenhuma suspeita, fiando-se na palavra empenhada, o facínora prendeu grande número deles, homens e mulheres, indiferentemente, ordenou-lhes que estendessem as mãos sobre a terra e ele mesmo, com uma cimitarra, lhes cortou; disse-lhes que os castigava assim porque não queriam dizer onde estava o seu novo senhor, que havia sucedido no governo desse reino.

Em outra ocasião, pelo fato de não lhe darem os índios um cofre cheio de ouro, que esse malvado capitão lhes pedia, resolveu ele enviar gente com o fito de lhes mover guerra, e nessa guerra mataram uma infinidade de pessoas e cortaram as mãos e o nariz a um número tão grande de mulheres e homens que ninguém poderia contá-los. Outros foram atirados aos cães raivosos, que os despedaçaram e comeram.

Uma vez, vendo os índios de certa província que os espanhóis lhes haviam assassinado três ou quatro de seus senhores principais, fugiram de medo para as montanhas, onde pudessem defender-se de tão desumanos inimigos. Havia ali, segundo dizem os testemunhos, uns quatro ou cinco mil índios. Mas o mesmo capitão enviou um grande e notável facínora que superou a muitos dos que têm a tarefa de destruir e arruinar esses países; levava consigo certo número de espanhóis com o fito de castigar a índios sublevados e que fugiam a tão grandes carnificinas, como se tivessem feito o que não deviam; era, entretanto, a esses índios que pertencia castigar e tomar vingança, sendo os próprios espanhóis dignos de todos os tormentos sem que deles se tenha piedade nem misericórdia, que é uma cousa de que estão tão afastados, como se vê pela maneira que têm de tratar esses pobres inocentes. Ora, os espanhóis expugnam pela força a montanha, pois os índios estavam nus e desarmados. Os espanhóis gritavam aos índios que vinham em paz, garantindo-lhes que não lhes fariam nenhum mal e que, quanto a eles, que não fizessem guerra. Incontinenti, os índios cessaram a defesa e o facínora mandou então dizer aos espanhóis que tomassem os fortes da montanha e que, uma vez tomados esses fortes, caíssem sobre os índios. Arremessaram-se então como tigres e leões sobre esses cordeiros tão dóceis, e passaram tantos a fio de espada que lhes foi até preciso descansar; e após haverem descansado, o capitão ordenou que matassem e atirassem da montanha (que era muito alta) todos aqueles que ainda estivessem vivos: e assim foi feito. E dizem os testemunhos que viam como que nuvens de índios lançados do alto da montanha, às vezes setecentos homens juntos; e, todos caindo, rolavam em pedaços.

E, para coroar a façanha, foram procurar todos os índios que se haviam escondido nos bosques e o capitão ordenou que fossem mortos a estocadas; e assim os mataram e os precipitaram do alto da montanha.

Mas ainda o tirano não podia contentar-se com todas essas façanhas por mais cruéis que fossem; quis dar-se a conhecer ainda mais, aumentando seus pecados horríveis, e ordenou que todos os índios e índias, que alguns particulares haviam tomado (pois cada qual em tais massacres tem o costume de recolher alguns, machos e fêmeas e rapazes para deles servir-se) fossem postos numa casa de palha, exceto aqueles que lhes pareciam bons para seus serviços e que então se pusesse fogo à casa; assim foram queimados vivos quarenta ou cinquenta índios. Fez lançar todos os outros aos cães enraivecidos, que os faziam em pedaços e os devoravam.

Doutra feita o mesmo capitão foi a uma vila, chamada Cota, e lá tomou grande quantidade de índios e fez despedaçar pelos cães uns quinze ou vinte senhores principais e cortou as mãos a grande número de homens e mulheres: e enfiou todas as mãos ao longo dum espeto a fim de que todos os outros índios vissem o que fora feito a seus companheiros; nesse espeto estavam enfiados setenta pares de mãos; a muitas mulheres e crianças cortou também o nariz.

Ninguém poderia compreender as maldades e crueldades desse homem inimigo de Deus, pois são extremamente numerosas e para sempre inauditas, e nunca semelhantes foram vistas; perpetrou essas façanhas desde o país de Guatemala e por todos os lugares em que esteve, pois há muitos anos exerce a profissão de queimar e destruir os habitantes desses países.

Os testemunhos referem ainda, com grande abundância, as crueldades e matanças que se fizeram e se fazem ainda no novo Reino de Granada, pela própria mão dos capitães e pelo consentimento que deram a todos os outros tiranos, devastadores e extirpadores do gênero humano que estavam com eles e que tornaram deserto e devastado todo o país; e estão praticando ainda tais e tão grandes atrocidades que se Sua Majestade não lhes puser um paradeiro em tempo (pois que as matanças de índios não se fazem senão para lhes arrancar ouro, que aliás não possuem, porque já deram tudo o que tinham) eles acabarão com todos esses países em pouco tempo, de sorte que não haverá mais índios para habitar a terra, que assim ficará abandonada e sem cultura.

É preciso também observar aqui quão violenta e diabólica foi a tirania dos espanhóis, a tal ponto que no espaço de dois ou três anos, desde que esse reino foi descoberto, trucidaram e mataram um país que era dos mais povoados do mundo, como bem dizem os testemunhos e todos os que ali estiveram; os espanhóis mostraram-se tão estranhos à compaixão e à piedade, ao temor de Deus e do Rei, que se diz que se Sua Majestade não impede essas desumanidades e tiranias diabólicas, ali não ficará nem um só homem vivo e assim eu também o creio; pois eu vi com meus próprios olhos que destruíram e despovoaram, em poucos dias, nessa região, grande número de países.

Existem outras grandes províncias que confinam com o Novo Reino de Granada, as quais se chamavam Popayan e Cali, assim como três ou quatro outras que contêm mais de cinquenta léguas de terra, as quais foram todas destruídas e desoladas pelos espanhóis, pelo mesmo processo que aplicaram em todos os outros lugares, isto é, roubando e assassinando por meio dos tormentos e enormidades acima referidos; em todas essas províncias havia um número infinito de habitantes, pois a terra é muito fértil; e os que hoje as visitam dizem que é uma coisa que inspira piedade e tristeza ver tantos e tão grandes povoados incendiados e desolados, como se observa, passando por ali; lá onde costumava haver numa vila mil ou dois mil lares, nem cinquenta existem hoje, tendo sido todos os outros totalmente arrasados e despovoados. E em alguns lugares encontraram às vezes duzentas ou trezentas léguas de terra onde tudo estava desabitado e queimado e os grandes povoados destruídos. E finalmente, pois que, vindos do Reino do Peru, do lado da província de Quito, entraram grandes e cruéis capitães até o dito reino de Nova Granada, de Popayan e de Cali, pelos lados de Cartagena e de Vraba e que não somente esses, senão também outros desgraçados tiranos de Cartagena foram assaltar Quito, como também ainda outros que vieram do lado de São João, que está na costa do Meio-Dia, tudo ficou destruído e arruinado, havendo todos esses tiranos extirpado e despovoado mais de seiscentos léguas de terra, com a perda de uma infinidade de almas; ainda hoje continuam fazendo o mesmo ao que resta desses pobres e inocentes índios.

E assim a regra que estabeleci no começo é verdadeira: isto é, que a tirania, a violência e a iniquidade dos espanhóis foi aumentando sempre em crueldade, em desumanidade e maldade contra essas ovelhas tão inocentes e tão dóceis. E o que fazem no presente é cousa para a qual todos os tormentos e todo o fogo são ainda muito pouco.

Após as matanças e massacres de guerra, submetem os índios a servidões horríveis e os mandam para o diabo dando a uns duzentos índios e a outros trezentos. O diabo-mor, isto é, o diabo Comendador, ordena que se façam vir diante dele cem índios, os quais vêm incontinenti, como cordeiros, e faz cortar a cabeça a trinta ou quarenta, e diz em seguida aos outros presentes: "O mesmo vos farei se não me servirdes bem e se fordes embora sem minha licença".

Que pelo amor de Deus, os que leram ou lerem estas páginas considerem se é ou não verdade que as crueldades dos espanhóis ultrapassam todos os limites imagináveis e se é ou não justo que se chamem os espanhóis de diabos. E qual seria o suplício maior, encomendar os índios aos diabos do inferno ou aos espanhóis que estão nas Índias?!

Contarei agora outro ato diabólico, o qual não sei se é menos cruel e desumano que os dos animais ferozes. Os espanhóis que estão nas Índias possuem cães muito selvagens, instruídos e ensinados a matar e despedaçar os índios. Que todos os que são cristãos e mesmo os que não o são vejam se jamais se ouviu cousa semelhante no mundo: para nutrir esses cães, os espanhóis, por toda parte aonde vão, levam consigo muitos índios acorrentados como se fossem porcos e matam-nos para nutrir os cães, arrastando consigo um açougue de carne humana. E um diz ao outro: Empresta-me um quarto de índio para dar de comer a meus cães, até que eu também mate algum; fazem isso como se pedissem emprestado um quarto de porco ou de ovelha. Há outros que vão pela manhã caçar com seus cães e quando estes voltam para comer, se lhes perguntarem como é que fizeram, respondem que mataram uns quinze ou vinte velhacos. Todas essas cousas diabólicas estão provadas no processo que os tiranos moveram uns contra os outros. Haverá pois cousa mais horrível e mais desumana?

Quero desincumbir-me dessas narrativas até que nos venham notícias de outras maldades mais insignes e mais notáveis (se podem existir) ou até que voltemos a vê-las por nossos próprios olhos, como as vimos no passado, continuamente pelo espaço de quarenta e dois anos: Protesto em boa consciência perante Deus que acredito e tenho como certo que os prejuízos e as perdas são enormes, com a destruição e arrasamento de vilas, massacres e matanças, com as crueldades horríveis e odiosas, com as violências, iniquidades e latrocínios, todas essas cousas foram cometidas entre essas gentes e nesses países e se cometem ainda todos os dias nesses lugares; declaro pois que todas as cousas que referi, tal como pude explicá-las o mais perto possível da verdade, não são nem a milésima parte do que foi feito e do que se faz ainda hoje, seja quanto à qualidade, seja quanto à quantidade.

E a fim de que todos os cristãos tenham maior compaixão desses pobres inocentes e de que lamentem mais sua perdição e danação e para que detestem a avareza, a ambição e a crueldade dos espanhóis, que todos tenham como cousa absolutamente verídica, além de tudo o que acima referi, que até o dia de hoje nunca os índios fizeram mal algum aos espanhóis onde quer que seja, até que tenham sido os primeiros a receber injúrias e ultrajes, sendo roubados e traídos; ao contrário, consideravam os espanhóis uns seres imortais, pensando que tivessem descido do céu e como tais os recebiam até que se dessem abertamente a conhecer o que eram e o que pretendiam.

Direi mais, que desde o começo até a hora presente os espanhóis nunca tiveram o mínimo cuidado em procurar fazer com que a essas gentes fosse pregada a fé de Jesus Cristo, como se os índios fossem cães ou outros animais: e o que é pior ainda é que o proibiram expressamente aos religiosos, causando-lhes inumeráveis aflições e perseguições, a fim de que não pregassem, porque acreditavam que isso os impedia de adquirir o ouro e riquezas que a avareza lhes prometia. E hoje em dia em todas as Índias não há o menor conhecimento de Deus (isto é, nem sabem se é feito de madeira, de ar ou de terra), estando na mesma ignorância em que estavam há dez anos, exceto a Nova Espanha, para onde foram os religiosos, e que é um canto bem pequenino das Índias; e também pereceram e perecem todos sem fé e sem sacramentos.

Eu, Frei Bartolomé de Las Casas, Religioso de São Domingos, que pela misericórdia de Deus vim a esta Corte de Espanha lutar para que o Inferno seja retirado das Índias, a fim de que essas almas infinitas, resgatadas pelo sangue de Jesus Cristo, não pereçam para todo o sempre e irremediavelmente; e para que conheçam o seu Criador e sejam salvas; e também por desvelo e compaixão de minha pátria, que é Castela, e a fim de que Deus não a destrua pelos grandes pecados cometidos contra a Fé e contra sua honra e contra o próximo e por causa de algumas pessoas notáveis que zelam pela honra de Deus, tocadas de compaixão pelas aflições e calamidades alheias que fogem a esta Corte (o que também me havia proposto fazer, mas não o pude tão cedo por causa de minhas contínuas ocupações), acabei este tratado sumário em Valência, a 8 de dezembro do ano de 1542, havendo atingido o mais alto grau de extremidade, a força e todas as violências, as opressões, as tiranias, as desolações, as angústias e as calamidades que apontei, em todas as partes das Índias onde há espanhóis, e conquanto num lugar sejam mais cruéis, mais selvagens e mais abomináveis que em outro, o México e seus confins são maltratados. Por certo, ali não se ousam fazer ultrajes abertamente, porque ali (e em nenhum lugar mais) existe alguma justiça, por menor que seja, e também porque ali matam os índios por meio de tributos diabólicos. Muito espero que o Imperador e Rei de Espanha, nosso senhor e Sire, Dom Carlos, Quinto desse Nome, que começa a ouvir as maldades e traições que foram cometidas e se cometem contra essa pobre gente e contra a vontade de Deus e a sua (pois até o presente sempre lhe ocultaram zelosamente a verdade), extirpe tantos males e remedeie esse mundo novo que Deus lhe deu, como a quem ama e exerce a justiça: Glória e vida feliz e Estado Imperial, que Deus todo poderoso queira fazer longamente prosperar, para felicidade de toda sua Igreja universal e salvação de sua alma Real. Amén.

Após haver escrito tudo o que acima se leu, foram publicadas certas leis e ordenações, que Sua Majestade havia feito por esse tempo em Barcelona, no mês de novembro do ano de 1542 e na cidade de Madri no ano seguinte, leis pelas quais foram estabelecidas certas cousas que por então pareciam convir, a fim de fazer cessar tantas maldades e pecados contra Deus e o próximo, os quais tendiam à total ruína e perdição desse mundo novo. Sua Majestade fez essas leis após haver reunido diversas assembleias de pessoas de autoridade, de saber e de consciência e após haver tido desinteligências e conferências em Valladolid e finalmente com o acordo e a opinião de todos os outros que deram seu parecer por escrito e que se viram ser os que estavam mais próximos às regras da Lei de Jesus Cristo, verdadeiros cristãos e livres de corrupção e da imundície dos tesouros que foram roubados dos índios; tesouros esses que enlamearam as mãos e mais ainda a alma de muitos que eram escravos desses mesmos tesouros, dos quais procedia a cegueira que fez com que tudo se destruísse sem nenhum escrúpulo. Publicadas que foram essas leis, os criadores de tiranos que estavam então na Corte fizeram diversas cópias (pois que essas leis lhes faziam mal porque pareciam fechar-lhes a porta à pilhagem e à extorsão feita por meio da tirania) e enviaram essas cópias para diversas regiões das Índias. Os que tinham o encargo de roubar, extirpar e consumir pela tirania, que nunca tinham observado ordem alguma, senão que ao contrário tinham implantado uma desordem tal que só Lúcifer a teria podido fazer, vendo essas cópias das leis, antes que chegassem os novos juízes que deviam executá-las e sabendo (como se diz e como é de crer) por meio daqueles que até então haviam garantido e sustentado seus pecados e suas violências, de que maneira haviam de proceder, amotinaram-se de tal modo que, quando os bons juízes chegaram para executar as leis, resolveram (como homens que haviam perdido todo o amor e todo o temor de Deus) perder também toda a vergonha e a obediência que devem ao Rei; e assim tomaram o título de traidores, portando-se como tiranos crudelíssimos e além de todo limite, isto principalmente no reino do Peru, onde agora, no ano de 1542, se perpetram atos horríveis e aterradores, como nunca os houve semelhantes, nem nas Índias nem em parte alguma do mundo e não apenas contra os índios, porque mataram quase todos, tendo despovoado todo esse país, senão também contra si próprios, por um justo julgamento de Deus que permitiu que os tiranos se tornassem carrascos uns dos outros. Estimulados pela rebelião destes últimos, todas as outras partes do novo mundo rejeitaram a obediência às leis. E fingindo suplicar Sua Majestade no sentido contrário, sublevaram-se como os outros: porque lhes faz mal abandonar o estado e os bens que usurparam, desacorrentando os índios, os quais são por eles mantidos em cativeiro perpétuo. E lá onde deixam de matar à espada e de um só golpe, matam pouco a pouco por meio de servidões pessoais e trabalhos injustos e intoleráveis. Cousa que o Rei não pôde até o presente impedir porque todos, pequenos e grandes, vão praticando banditismos e roubando, uns mais, outros menos; uns publicamente e abertamente e outros secretamente; e sob pretexto e aparência de servir o Rei, desonram a Deus e roubam a Sua Majestade.

Sumário da Disputa entre o Bispo Dom Frei Bartolomé de Las Casas e o Doutor Sepulveda

O doutor Sepulveda, cronista do Imperador, Nosso Senhor e Sire, havendo sido informado e persuadido por alguns espanhóis, daqueles que respondiam pelas destruições que foram feitas entre as gentes das Índias, escreveu em forma de diálogo um livro em latim, muito elegante, com rigorosa obediência às regras e às flores da retórica (como douto e excelente manejador que é do latim), e esse livro continha duas conclusões principais. Uma era que as guerras que foram feitas pelos espanhóis nas Índias foram justas quanto à causa e ao direito em cujo nome foram movidas, sendo que de modo geral essas mesmas guerras podem e devem ser feitas. Outra conclusão era que os índios são obrigados a submeter-se para ser governados pelos espanhóis, como os menos sábios devem submeter-se aos mais prudentes e sábios; e que, se não querem submeter-se, os espanhóis podem mover-lhes guerra. Ora, são justamente essas as duas causas que determinaram a perda e morte de tão grande e infinito número de gente e que mais de dois milhões de léguas de terra hajam sido despovoadas por novas e diversas maneiras de crueldades e desumanidade que os espanhóis adotaram nas Índias; isto é, pelo que chamam de conquistas e pelas comendas que têm o costume de fazer. O referido doutor Sepulveda deu a seu tratado a aparência de querer defender e justificar o título do direito que têm os Reis de Castela e Leon à dominação e soberania universal desse mundo das Índias, procurando cobrir com essa aparência a doutrina que pretendeu espalhar e semear nestes reinos e nos próprios reinos das Índias. Apresentou esse livro ao Conselho Real das Índias, suplicando com grande insistência e inoportunidade que lhe dessem licença para imprimi-lo; o que lhe foi por várias vezes recusado atendendo-se os escândalos, perigos e sensível prejuízo que causaria no seio do público. E vendo o doutor que não podia publicar seu livro por causa da interdição do Conselho das Índias, tanto fez por intermédio de seus amigos que frequentavam a corte que obtiveram uma patente pela qual Sua Majestade o remetia ao Conselho Real de Castela, onde nada se sabia dos negócios das Índias. Havendo isso acontecido quando a corte e os conselheiros estavam em Aranda de Duero, no ano de 1547, e sucedendo que o bispo da Real cidade de Chiapa, Dom Frei Bartolomé de Las Casas, chegou das Índias na mesma ocasião e havendo ele sido informado da conduta do doutor Sepulveda e conhecendo também a matéria que seu livro continha, assim como a perniciosíssima cegueira do autor e os prejuízos irreparáveis de que seria causa se o livro fosse impresso, opôs-se à publicação com todas as forças de que dispunha, denunciando o veneno de que esse livro estava cheio, assim como os fins a que tendia.

Os senhores do Conselho Real de Castela, como sábios e justos que eram, deliberaram enviar o dito livro às Universidades de Salamanca e Alcala, pois que a matéria de que tratava era atinente à Teologia em sua mor parte, ordenando-lhes que examinassem o livro a fim de ver se podia ser impresso. Essas Universidades, após prolongados debates, feitos com exatidão, determinaram que o Livro não fosse absolutamente impresso, porque continha uma doutrina que não era sã. Mas o doutor, não satisfeito e queixando-se da conduta das Universidades, deliberou, nada obstante as várias recusas que lhe haviam feito os dois Conselhos Reais, enviar seu tratado aos amigos que tinha em Roma a fim de que o fizessem imprimir, havendo esse livro sido transformado em certa apologia que tinha feito ao bispo de Segóvia, motivo pelo qual esse bispo, tendo visto o tratado, o contemplou fraternal e amigavelmente. O Imperador, havendo sido informado da impressão desse livro e apologia, fez incontinenti despachar suas patentes para que todas as cópias fossem colhidas e destruídas, ordenando-se que o mesmo se fizesse em toda a Castela; pois o doutor tinha feito certo sumário desse livro em língua vulgar a fim de que mais se difundisse pelo reino e para que todas as comunas e todos aqueles que não entendessem latim pudessem ler seu livro, tanto mais que a matéria era saborosa e agradável a todos os que desejam e trabalham por enriquecer e subir a posições que nem eles nem seus antecessores jamais tiveram sem as penas, sem os suores, sem as angústias que causaram, isto é, sem a perda de muitos. Vendo isto, o bispo de Chiapa deliberou escrever também uma apologia em língua vulgar contra o sumário do referido doutor e em defesa das Índias, impugnando e derrubando seus argumentos e respondendo a seus raciocínios, assim como a tudo quanto o doutor Sepulveda pensava fazer em defesa de sua tese, e mostrando ao povo quantos perigos, quantos inconvenientes e quantas cousas nocivas continha sua doutrina.

Mas como várias cousas se haviam seguido ao que acima se referiu, Sua Majestade ordenou no ano passado, de 1550, que fosse reunida uma Assembleia na cidade de Valladolid, de homens Letrados, teólogos e jurisconsultos, para que, reunindo-se ao Conselho das Índias, debatessem e determinassem em conjunto se era lícito, ressalvada a justiça, mover esse gênero de guerras, a que chamavam conquistas, contra os habitantes desses países das Índias, que outra nova culpa não tinham senão a de serem infiéis.

Mandou-se inquirir o doutor Sepulveda para que declarasse o que tinha a dizer a esse respeito; esse doutor, entrando no Conselho, disse na primeira sessão tudo quanto quis. Chamou-se depois o bispo de Chiapa que, pelo espaço de cinco dias contínuos, leu toda a sua apologia; então, pelo fato de ser essa apologia mui longa, os teólogos e jurisconsultos da Assembleia incumbiram o excelente Mestre e padre Frei Domingos de Soto, da Ordem de São Domingos, e Confessor de Sua Majestade, de reduzir essa apologia a um sumário e fazer tantas cópias quantos senhores houvessem na assembleia, e que eram em número de catorze, a fim de que cada qual, havendo estudado a matéria, desse sua opinião segundo Deus e seu juízo. O referido padre Soto reduziu a sumário as razões do doutor Sepulveda e as que contra ele escreveu o bispo de Chiapa. E ao doutor foi dada uma cópia para que respondesse; e dessa cópia tirou doze objeções às quais deu doze respostas; contra essas respostas o bispo formulou então doze réplicas.

Prólogo do Bispo de Chiapa aos Senhores da Assembleia

Mui ilustres e muito magníficos senhores, mui reverendos e mui sábios Padres; até este momento em que li e dissertei por escrito a esta notável e venerável Assembleia, falei geralmente contra os adversários dos índios de nossas Índias que estão no mar Oceano, sem fazer menção de ninguém, embora eu conheça alguns que se dão ao trabalho de escrever abertamente certos tratados cujo fim principal é desculpar e defender as guerras que eram e são feitas e podem ainda fazer-se contra esses índios. Guerras essas que causaram tantas ruínas e a perda de tantos e tão grandes reinos e de uma infinidade de cidades e de um número infinito de almas. Subjugar esses índios por meio de guerras, antes que tenham pela pregação da fé ouvido o nome de Jesus Cristo, como cousa conforme à nossa lei cristã e como se essas guerras fossem justas: tal é a ideia de que, segundo me parece, o reverendo e excelente doutor Sepulveda acaba de se manifestar o principal sustentáculo e defensor quando responde às razões, autoridades e soluções apresentadas em sentido contrário; isso pelo fato de que essas razões se manifestam contrárias a essas guerras e porque demonstram que aquelas que por outro nome são denominadas conquistas são tirânicas e iníquas. Compilei então outra apologia de que li uma parte a Vossas Excelências e Senhorias. Mas pois que ele procurou descobrir-se e não teve medo de ser considerado autor de impiedades tão execráveis que redundam em infâmias para a fé, em desonra para o nome dos cristãos e em prejuízo tanto espiritual como temporal para a maior parte do gênero humano: pareceu-me ser cousa justa, como de fato é, impugná-lo abertamente. E para extirpar o cancro venenoso que quer espalhar nestes reinos com o fim de destruí-los, oponho-me formalmente contra ele. Ora, suplico a Vossas Senhorias, Graças e Paternidades, considerar este assunto tão importante e perigoso, não como um caso pessoal meu, porque outra cousa não pretendo senão defender, como se deve, um cristão e como sendo cousa que pertence a Deus, à sua honra, à Igreja Universal e ao estado espiritual e temporal dos Reis de Castela, os quais devem dar contas das perdas das almas que já pereceram e que perecerão ainda caso não seja fechada a porta a esse séquito calamitoso de guerras que o doutor Sepulveda pretende justificar, usando de uma falácia que esta mui honorável Assembleia não admite absolutamente, falácia cujo fim é lançar um véu e cobrir sua opinião perigosa, segundo a qual ele mostra ter a pretensão de defender a autoridade que chama Apostólica e o Império que os Reis de Castela e Leon têm sobre as Índias; nenhum cristão pode lícita e honestamente confirmar e defender a autoridade que se diz apostólica nem a dominação de um rei cristão com guerras injustas, cobrindo montanhas e campos de sangue inocente, com infâmia e blasfêmia para Jesus Cristo e a fé. Senão que ao contrário isso constitui uma difamação da Sé Apostólica que assim vê sua autoridade diminuída e o verdadeiro Deus desonrado, tornando-se o verdadeiro título e direito dos reis de Castela, nulo; é cousa que facilmente poderá ver qualquer homem sábio e cristão nos próprios argumentos apresentados pelo doutor Sepulveda. Esse título e direito não se funda na ação de entrar nesses países e contra esses índios para roubá-los, matá-los e tiranizá-los com a desculpa de pregar a fé, tal como ali entraram e fizeram os tiranos que destruíram por matança e massacre universal tão grande multidão de inocentes. Esse título consiste ao contrário numa pacífica, dócil e amável pregação do Evangelho e na introdução e fundação não fingida da fé e do reino de Jesus Cristo. E quem pretende atribuir a nossos Reis e Senhores outros títulos para obter o soberano principado dessas Índias nada vê e ofende a Deus, é desleal a seu Rei e inimigo da nação espanhola, que engana e mistifica perniciosamente, procurando encher o inferno de almas. Ora, para que não possam algumas de Vossas Senhorias, Graças e Paternidades, ser induzidas a tão prejudiciais tendências (como cristãos e mui sábios que sois), será cousa útil e conveniente impor o silêncio a uma opinião tão nociva e abominável. Em nossa apologia havíamos pensado ter satisfeito e abundantemente respondido a tudo quanto possa ser invocado contra ela, trazendo tudo quanto possa confirmá-la. Entretanto, como o doutor Sepulveda lançou novamente suas doutrinas dividindo o sumário do padre Soto em doze objeções, quer a razão que eu lhe replique e demonstre que suas defesas são frívolas e de nulo valor.

A seguir o extrato de duas das doze réplicas de Las Casas:

Extrato da Décima Réplica

Não é absolutamente verdade, como se diz, que os índios, na Espanha Nova, sacrificavam vinte mil pessoas por ano; não sacrificavam nem cem e nem cinquenta; porque se assim tivesse sido ninguém teria encontrado ali tanta gente e isso mesmo é confirmado pelos tiranos para excusar e justificar suas tiranias e para manter em servidão e sob tirania os índios já oprimidos e desolados que sobraram da vindima feita. O que podemos dizer em favor da verdade é que foram os espanhóis que sacrificaram desde todos os tempos à sua deusa Avareza um número muito maior de índios por ano; porque o número de índios que sacrificaram a essa deusa por eles tão amada e adorada é tal, que os índios nunca sacrificaram tantos nem em cem anos. O que os Céus, a terra, os elementos e as pedras testemunham e gritam e o que os próprios tiranos que perpetraram todos esses males não o negam de maneira alguma é que esses países eram mui abundantes em povo quando ali entramos e que agora estão destruídos e desolados. Deveríamos corar de vergonha com que, havendo perdido o temor de Deus, queiramos ainda encobrir e desculpar atos tão execrandos; somente para ter bens e riquezas consumimos em quarenta e cinco ou quarenta e oito anos uma extensão de terra maior que o comprimento e a largura de toda a Europa, e uma parte da Ásia, roubando e usurpando tudo com crueldade, injustiça e tirania, havendo sido mortas e destruídas vinte milhões de almas de um país que tínhamos visto tão cheio de gente e de gente tão humana.

Na Décima Segunda e Última Réplica onde se Diz o Seguinte:

Os espanhóis não vão às Índias movidos pelo zelo da fé, nem pela honra de Deus, nem para socorrer e adiantar a salvação do próximo, nem tampouco para servir a seu Rei como sempre se orgulham de dizer sob falsos pretextos; é a avareza e ambição que para ali os arrasta a fim de dominar perpetuamente sobre os índios, como Tiranos e Diabos, desejando que lhes sejam dados como animais. Isto, falando numa linguagem bem plana e bem redonda, não é outra cousa senão despojar os Reis de Castela de todo esse país do qual se apoderam eles mesmos, tiranizando e usurpando a soberania Real.

AS VINTE RAZÕES

Entre os remédios que Dom Frei Bartolomé de Las Casas, bispo da Real Cidade de Chiapa, indicou, por ordem do Imperador, nosso Senhor, na assembleia que Sua Majestade ordenou que fosse feita em Valladolid, no ano de 1542, e onde se reuniram prelados e outros letrados, assim como grandes personagens para dar parecer sobre a reforma das Índias, o oitavo remédio indicado era o que se segue, contendo vinte razões e motivos, pelos quais o autor conclui que os índios não devem ser dados aos espanhóis nem em comenda, nem em feudo, nem em vassalagem, nem de qualquer maneira se Sua Majestade quer (como deseja) libertá-los da tirania e das perdas que sofrem, como quem os libertasse da garganta do dragão e a fim de que não sejam inteiramente consumidos e mortos e a fim de que todo esse mundo não fique deserto e vazio de seus naturais habitantes, dos quais o vimos tão povoado e tão cheio.

O *Oitavo Remédio*, entre todos, é o principal e o mais forte, porque sem ele todos os outros perderiam o valor, porque todos se referem a ele, como certos meios se referem a seu próprio fim e isto em tudo quanto interessa e importa a Vossa Majestade e que é uma cousa que ninguém poderia exprimir porque se trata no mínimo da perda total das Índias ou de sua conservação. E esse remédio é que Vossa Majestade ordene, forme e constitua solenemente Cortes solenes por funções pragmáticas e leis reais, segundo as quais todos os índios que já foram subjugados, assim como todos os que o forem de agora em diante, sejam postos, reduzidos e incorporados à Coroa Real de Castela e de Leon, sob a autoridade de Vossa Majestade, como súditos e vassalos livres, como são, e que não sejam nunca dados em comenda aos espanhóis; e que isto seja uma constituição inviolável, uma determinação e lei real e que nunca, nem hoje, nem no futuro, nem em tempo algum possam jamais ser tirados nem alienados da Coroa Real, nem dados, nem depositados em feudo, nem em comenda, nem em depósito ou alienação alguma sob qualquer título que seja, que não possam nunca ser desmembrados da Coroa Real, qualquer que seja o serviço que qualquer espanhol tenha prestado, quaisquer que sejam os méritos de quem quer que seja, qualquer que seja a necessidade que se apresente, qualquer que seja a causa ou a aparência que possa ser invocada. Pela firmeza e estabelecimento desse princípio Vossa Majestade jurará formalmente por sua fé, por sua palavra e pela Coroa Real e pelas outras cousas sagradas sobre as quais os príncipes cristãos têm o hábito de jurar, para que nunca e jamais, nem por sua pessoa real, nem por seus sucessores nestes reinos, nem nos reinos das Índias, enquanto os houver, possam jamais essas leis ser revogadas e ordenará por expresso em seu testamento Real que essa lei seja sempre guardada, mantida e defendida e que a confirmem e continuem por todos os meios que estejam em seu poder. E isto é absolutamente necessário por vinte razões. *A respeito das quais fizemos um extrato e redigimos por escrito as cousas que pareceram servir a nosso propósito.* *

---

* Os originais das *20 Razões* apresentados por Frei Bartolomé de Las Casas foram extraviados em Valladolid, Espanha. Restam hoje apenas os extratos de dez razões aqui publicadas.

Extrato da Segunda Razão

Os espanhóis, em virtude de sua grande avareza e ambição de posse, não permitem que os religiosos entrem nas cidades e lugares que possuem sob comenda, porque dizem que com a entrada dos religiosos recebem dois prejuízos, dos quais um é principalmente que os religiosos os tiram do trabalho quando os reúnem para lhes pregar e que nesse ínterim os afazeres ficam parados, estando os índios ociosos e não trabalhando. Aconteceu (estando os índios na igreja a ouvir um sermão) que um espanhol ali entrou e à vista de todos tirou cinquenta ou cem, todos os que lhe eram necessários para levar sua bagagem e seus bens; mas como não quiseram ir, carregou-os de golpes de bastão e arrastou-os para diante a pontapés, comovendo e perturbando, com grande mágoa para os índios e para os religiosos, todos os que ali estavam presentes, impedindo assim a salvação de uns e de outros. Outro argumento que dizem que os índios, depois de haverem sido ensinados e feitos cristãos, são como que senhores e acreditam saber mais do que sabem, não sendo já possível servir-se deles como antes.

Os espanhóis não procuram outra cousa senão mandar e ser adorados pelos índios como senhores.

Os espanhóis impedem deliberadamente e abertamente que o Evangelho seja ensinado aos índios e que eles se tornem cristãos.

Acontece que se dá uma vila ou um burgo a dois ou três ou quatro espanhóis; a um se dá mais, a outro se dá menos e acontece por exemplo que um se torna dono da mulher e outro do marido e um terceiro dos filhos, tudo como se os índios fossem animais. E cada qual possui seus índios, e os envia ou a trabalhar numa parte das terras ou então nas minas e vão carregados como animais; outros os alugam dois a dois como se alugam bestas de carga para levar bagagens a trinta, quarenta ou cinquenta léguas de distância. E isso se faz todos os dias, como vimos por nossos próprios olhos. Donde resulta que os índios não possam ouvir a palavra de Deus nem ser instruídos na santa fé. De homens livres os espanhóis fizeram escravos estranhos; desfizeram e destruíram grandes cidades e grande número de habitantes, de sorte que não deixaram nenhum lar intacto e nem mesmo os pais em companhia dos filhos.

Os espanhóis não tinham preocupação alguma, nem o mínimo cuidado em converter os índios, como se todas essas almas razoáveis tivessem que morrer com seus corpos e nunca tivessem que ter nem vida imortal, nem glória, nem castigos, como se fossem perfeitos animais.

Extrato da Terceira Razão

Os espanhóis têm o encargo de ensinar os índios em nossa fé católica e com eles sucede o que sucedia com um certo João Colmenero, em Santa Marta, homem fantástico, ignorante e imbecil, a quem tinha sido dada a comenda de uma grande cidade, cujas almas tinha a seu cargo; tendo sido um dia examinado por nós, não sabia persignar-se; havendo-lhe sido perguntado o que é que ensinava aos índios que tinha a seu cargo, respondeu que os mandava para o diabo e que já era bastante que se lhes dissesse: *Per signin sanstin cruces*.

Como poderiam os espanhóis que vão às Índias, ainda que fossem bravos e nobres, cuidar das almas? Muitos dentre eles ignoram o Credo e os Dez Mandamentos e a maioria ignora as cousas que interessam à sua salvação e não vão às Índias senão para satisfazer seu desejo e ambição, sendo todos viciados, corrompidos, desonestos e desordenados. De maneira que quem quisesse estabelecer um paralelo entre eles e os índios chegaria à conclusão de que os índios são incomparavelmente mais virtuosos e mais santos que eles. Pois os índios, apesar de serem infiéis, têm entretanto uma só mulher própria, como a natureza e a necessidade ordenam; e veem que os espanhóis têm catorze ou mais, cousa proibida pela lei de Deus. Os índios não devoram os bens de ninguém, não injuriam, não atormentam, não oprimem, não matam ninguém e veem que os espanhóis cometem todos os pecados, todos os males, todas as iniquidades e todas as deslealdades que possam ser cometidas contra toda e qualquer justiça. Em suma, os índios riem de tudo quanto se lhes diz de Deus e alguns não acreditam em nada e fazem zombarias. Em verdade, têm de nosso Deus a opinião de que é o mais iníquo e o mais malvado de todos os deuses, pois que tem servidores de tal natureza. E quanto a Vossa Majestade, consideram-no o mais injusto e mais cruel de todos os reis, pois que para lá enviais e tendes aqui tão maus súditos; pensam que Vossa Majestade vive de sangue e de carne humana. Sabemos que todas essas cousas são para Vossa Majestade bastante novas e estranhas; entretanto por lá são cousas correntes e velhas. E poderíamos falar também de outras cousas semelhantes, que vimos com nossos próprios olhos. Mas essas cousas ofenderiam os ouvidos de Vossa Majestade Imperial. E assustariam os homens espantando-os de que Deus esteja esperando tanto tempo para lançar a Espanha ao abismo.

O título sob o qual se dão os índios em comenda aos espanhóis não foi encontrado para outro fim senão para reduzi-los à servidão.

Um só espanhol, sendo senhor de alguma vila, burgo ou povoado, ou tendo-os a seus cuidados, com seu exemplo causará um mal maior e uma corrupção de vida mais pronunciada do que poderiam fazer no sentido contrário cem religiosos santos, edificando e convertendo.

Extrato da Quarta Razão

Os espanhóis que têm comandos ou interesses particulares nas Índias, em virtude de sua grande cupidez, nunca puderam deixar de injuriar, afligir, perturbar, prejudicar, inquietar, atormentar e oprimir os índios, tomando-lhes seus bens, suas terras, suas mulheres, seus filhos e usando de vários outros métodos de iniquidade, contra os quais não há medida alguma que possa ser garantida e assegurada pela alta justiça de Vossa Majestade. Pois que os espanhóis intimidam e assustam os índios até matá-los a fim de que não se lamentem; este é um fato de que temos conhecimento; e disto resulta manifestamente que não podem ter nem paz nem repouso para ocupar-se com as cousas de Deus; senão que têm, ao contrário, mil aborrecimentos, angústias, tormentos, tristezas, aflições, amarguras, e assim odeiam a Vossa Majestade e abominam a lei de Deus porque a veem tão pesada, tão amarga e tão impossível de suportar, e o jugo e dominação de Vossa Majestade se lhes torna insuportável, tirânico e digno de ser afastado para bem longe; amaldiçoam a Deus e se desesperam atribuindo-lhe todos os males que padecem, pois sob a aparência e em nome da fé lhes vêm todas essas infelicidades que têm que suportar e que lhes são dadas por homens que se dizem servidores dessa fé e a quem, entretanto, não se castiga nem impede de proceder assim. Choram seus deuses dia e noite, pensando que eram melhores que nosso Deus, pois que é por causa dele que suportam tantos males, enquanto os seus lhes davam tantos bens e ninguém os atormentava como os atormentam os cristãos.

Extrato da Quinta Razão

Nós mostraremos a Vossa Majestade que os espanhóis em trinta e oito ou quarenta anos mataram em conta redonda e injustamente mais de doze milhões de vossos súditos; deixo de levar em conta em quantos outros indivíduos um número tão grande de gente poderia ter-se multiplicado, sendo toda essa região fertilíssima, seja em gado, seja em criaturas humanas; é a região mais fértil do mundo, por ser a terra, em sua maior parte, e mais que qualquer outra, temperada e favorável à reprodução humana. Todas essas gentes inumeráveis, todos esses povos, os espanhóis os mataram a fim de terem cargos, senhorios e comendas sobre o restante; e quando acabam de matá-los em guerras injustas, servem-se daqueles que a justo título fizeram resistência, obrigando-os a trabalhar nas minas de ouro e prata, juntando-os dois a dois como se fossem animais, para obrigá--los a levar cargas; alugando-os e encarregando-os de fazer tudo quanto é possível para lhes dar lucro e, quer vivam, quer morram, nada preocupa os espanhóis desde que tenha seu proveito. O que digo é a pura verdade e deixo ainda de dizer muitíssimas cousas que todo mundo sabe. E quem quer que pretenda fazer Vossa Majestade crer o contrário ou quem quer que entenda diminuir a extensão desses crimes, nós lhe faremos ver, pela própria força da verdade, que se torna culpado pelo crime de lesa-majestade e que participou ou pretende participar dos assassinatos e dos latrocínios perpetrados nas Índias.

Que peste ou que outra mortalidade mais contagiosa poderia ter descido do céu, que pudesse ter consumido e abrasado mais de duas mil e quinhentas léguas de terras, cheias de gente, sem que ficasse ninguém, nem um sobrevivente e nem um fugitivo?

Extrato da Sexta Razão

Para servir unicamente a seus interesses temporais, os espanhóis denegriram os índios, cobrindo-os da mais infame de todas as infâmias que se possam lançar sobre o homem, e pela mais odiosa e mais malvada das infâmias quiseram colocá-los fora da espécie humana: taxaram-nos de estar todos corrompidos do pecado abominável contra a natureza. Incriminação essa que é de grande maldade e grande falsidade. Pois em todas as grandes ilhas espanholas, São João, Cuba e Jamaica e em sessenta ilhas lucaias, onde havia um número infinito de gente, jamais houve memória nem menção de tal fato, como podemos testemunhar, havendo feito inquéritos e colhido informações a esse respeito, desde o princípio. Assim também em todo o Peru jamais se falou de tal cousa. No reino de Iucatã nunca se encontrou um único índio que pudesse ser incriminado desse pecado, e o mesmo sucede geralmente em todas as Índias. Apenas em algumas dizem haver alguns, mas por isso não se deve difamar todo esse mundo novo. O mesmo dizemos a respeito de comerem carne humana, declarando que tal cousa não se faz nessas regiões; embora possa ela ser praticada em alguns outros lugares. Acusaram-nos também de idolatria, como se, ainda que fossem idólatras, pudessem ser punidos pelos homens e não unicamente por Deus, contra quem eles pecam. Possuindo terras e reinos e não devendo obediência a ninguém senão a seus próprios senhores naturais, estão na situação de nossos antepassados que do mesmo modo foram idólatras antes que a fé lhes fosse pregada; todo o mundo era idólatra no momento em que veio Jesus Cristo. Também, pelo fato de os haverem encontrado tão humanos, taxaram-nos de animais e por os haverem visto tão humildes e tão dóceis tiveram a ousadia de dizer que não eram idôneos, nem capazes de seguir a lei e a fé de Jesus Cristo.

Os espanhóis, deliberadamente e propositadamente impediram que a doutrina da lei de Deus e as virtudes fossem ensinadas aos índios, expulsando os religiosos das vilas e outros lugares, a fim de que não vissem nem descobrissem suas tiranias: assim arruinaram e corromperam pelos seus maus exemplos os índios, ensinando-lhes muitos hábitos maus que eles ignoravam totalmente: como, por exemplo, jurar e blasfemar o nome de Jesus Cristo, exercer a usura, mentir e várias outras maldades inteiramente contrárias a seu natural, que é humano, dócil e correto.

Dar novamente os índios aos espanhóis ou deixá-los a eles é o mesmo que dá-los e deixá-los a quem, sem dúvida nenhuma, os destruirá no corpo e na alma.

O rei Ferdinando, fraudulentamente induzido pelos espanhóis, permitiu que os índios fossem expatriados das ilhas Lucaias para a ilha Espanhola, havendo eles sido arrancados a seu país e suas casas contra todo e qualquer direito humano e divino. Expatriação essa com que se destruíram mais de quinhentas mil pessoas, de maneira que em mais de cinquenta ilhas (entre as quais havia algumas maiores que as Canárias), que estavam todas cheias de gente como formigueiros de formigas, não foram depois encontradas senão onze pessoas, fato de que somos testemunhas.

Se disséssemos a Vossa Majestade quão grande era a bondade e a sinceridade dos habitantes dessas ilhas a que chamam Lucaias e quais foram as crueldades, as matanças e as devastações que nelas fizeram os espanhóis, poderíamos comover as entranhas de Vossa Majestade e os ouvidos Reais se retirariam feridos: que os espanhóis tenham movido guerra aos índios, que os tenham matado, que lhes tenham roubado suas mulheres, seus filhos, seus amigos e seus parentes próximos, que os hajam despojado de todos os seus bens, já foi neste livro suficientemente provado e o próprio país o demonstra, despovoado e deserto como está; o mundo clama contra tudo isso, os anjos o deploram e Deus nos mostra a sua reprovação por meio dos grandes castigos de que usa todos os dias contra nós.

Extrato da Sétima Razão

Os espanhóis sugam aos índios toda a substância do corpo porque não têm outra cousa em casa. Fazem-nos suar sangue: expõem-nos a todos os perigos; oprimem-nos sob o jugo de trabalhos vários e insuportáveis; e como se tudo isso não bastasse, torturam-nos com bastonadas, com flagelações, consumindo-os em suma de mil maneiras diversas.

Colocar os índios sob o poder dos espanhóis é como entregar a garganta das crianças a loucos enraivecidos e frenéticos, que têm uma navalha na mão; é colocá-los sob o jugo de alguns furiosos e capitais inimigos que de há muito tempo os esperavam, nutrindo o desejo de os assassinar; seria como submeter uma rapariga bonita ao jugo de um jovem, transportado e cego de amor, donde fatalmente se seguiria que a rapariga seria violada, caso não fosse miraculosamente preservada. Em suma, seria como colocá-los entre os cornos de touros enfurecidos; como se fossem amarrados a lobos, a leões, a tigres de longo tempo esfaimados. E de que poderiam servir as leis e as proibições e as ameaças feitas a esses animais ferozes para que não os devorassem? O que dizemos é que, ao contrário, as leis, as proibições e as ameaças aproveitariam aos espanhóis; seria o mesmo que lhes fosse proibido matar os índios, para que trabalhassem para obter ouro. E pela grande e longa experiência que temos, certificamos a Vossa Majestade que ainda que ordenasse fosse posto um cadafalso à porta de cada espanhol e ainda que jurasse pela própria Coroa que, pelo primeiro índio de que se tivesse o que dizer ou que fosse morto, esse espanhol seria enforcado, nem por isso deixarão de matar os índios, se Vossa Majestade concede e permite que os tenham sob seu poder, sob sua comenda, ou sob sua autoridade imediata ou qualquer cousa semelhante.

Extrato da Oitava Razão

Além do que os índios sofrem para servir e contentar os espanhóis, dão-lhes ainda de acréscimo um suplício, um cruel carrasco que os tem sob comenda em cada cidade e em cada lugar: chamam-no *Estanciero* ou *Calpisque*, cuja missão é tê--los à mão a fim de os compelir a trabalhar e fazer tudo quanto queira o senhor comendador ou qualquer outro ladrão da mesma laia. Ainda que outro tormento não existisse no inferno, este lhe pode ser muito bem comparado. Esse carrasco os flagela, dá-lhes bastonadas, unta-os de gordura fervente; aflige-os por tormentos e trabalhos contínuos; viola e força suas filhas e suas mulheres, desonrando-as e abusando delas; come suas galinhas, que são o maior tesouro que possuem; não que ele as coma pessoalmente; mas apodera-se delas para dá-las de presente ao senhor e tirano--mor. Causa-lhes ainda outros aborrecimentos e tormentos sem conta. E a fim de que não se lamentem de tantos males, intimida-os, dizendo-lhes que vai dizer que os viu adorando ídolos. Em suma, têm que contentar e agradar mais de vinte pessoas desordenadas e irracionais; de maneira que têm quatro senhores e donos: Vossa Majestade, o cacique, aquele a quem foram dados em comenda e o *Estanciero* de quem acabo de falar. Este último lhes pesa mais que um quintal de chumbo. E além de todos esses, podemos acrescentar ainda todos os *muchachos* e mouros, de que se serve o comendador e dono; pois todos estes também a seu turno suplicam, oprimem e roubam essa pobre gente.

Extrato da Décima Razão

É muito de temer que Deus desole a Espanha por causa dos grandes pecados que essa nação perpetrou nas Índias; um castigo aparente já vemos e que é também visto por todo mundo; Deus já encaminhou um castigo, por cujo meio nos aflige mostrando ter sido muito ofendido nessas regiões e por causa da destruição de todas essas nações; esse castigo consiste em que, de tantos tesouros que se trouxeram das Índias para a Espanha (como o rei Salomão nem rei algum no mundo jamais viu nem ouviu, tão grande é a soma de ouro e de prata que das Índias se tirou), nada ficou na Espanha. Assim, se um pouco havia antes que as Índias se descobrissem, hoje não há nada. De onde resulta que todas as cousas são três vezes mais caras do que eram e que o povo pobre curte muitas misérias e necessidades. E Vossa Majestade não pode enfrentar empresas grandes.

Extrato da Décima Primeira Razão

Durante todo o tempo em que Lares governou, que foram nove anos, não se teve o mínimo cuidado em doutrinar os índios e conduzi-los à salvação. Neles não se pensou mais do que se fossem paus, pedras, cães ou gatos. Ele desfazia grandes cidades e povoados, dando a um espanhol cem índios, a outro cinquenta e a um terceiro mais ou menos, de acordo com o favor e a graça de que cada qual gozava junto dele e segundo bem lhe parecia. Distribuiu filhos, velhos, mulheres grávidas e parturientes, a homens de qualidade e posição na comuna, assim como a senhores naturais das cidades e das regiões; distribuiu-os a seu bel-prazer, dando-os a quem mais o agradava e dizendo na carta de comenda cousas como as que se seguem: *A vós, fulano de tal, são dados tantos índios com seu cacique a fim de que deles vos sirvais nas vossas minas e negócios.* De maneira que todos, grandes e pequenos, jovens e velhos, todos que pudessem ainda manter-se de pé, homens, mulheres grávidas, trabalhavam e serviam por todo o tempo em que a alma lhes batesse ainda no corpo.

Consentiu que se levassem homens casados para extrair ouro, a trinta, quarenta, oitenta léguas de distância ou mais. As mulheres ficavam nas granjas executando trabalhos bastante penosos, fazendo montes de terra para fabricar o pão que se come; trabalho esse que consiste em revolver, levantar e amontoar a terra até a quatro palmos de altura e doze pés de quadrado; parece nada, mas é um trabalho de gigante revolver a terra dura, não com picaretas, nem com enxadas, mas com paus. Em outros lugares fiavam algodão e faziam outros serviços que os senhores julgavam mais proveitosos para ganhar e acumular bens. De maneira que marido e mulher não se viam pelo espaço de oito meses ou dez ou de um ano. E quando ao cabo desse tempo vinham encontrar-se estavam tão extenuados e tão fracos de fome e de trabalhos, que não tinham desejo de coabitar: e com isto a geração cessava entre eles. E as crianças engendradas morriam porque as mães não tinham leite para nutri-las, em virtude dos trabalhos e da fome que padeciam; cousas essas que deram motivo a que em Cuba, pelo espaço de três meses e quando ali estávamos, morressem de fome sete mil crianças. Algumas mulheres desesperadas esganaram e mataram seus próprios filhos e outras, sentindo-se grávidas, tomavam certas ervas para abortar; de maneira que os homens morriam nas minas e as mulheres pereciam em seus misteres. Assim, cessando a geração, todos em pouco tempo desfaleceram e todo esse país ficou despovoado. O governador referido deu-os para que trabalhassem continuamente e sem repouso; e como se não bastasse esse penoso trabalho consentiu ainda que fossem maltratados com extremo rigor e austeridade. Pois os espanhóis, a quem eram dados, punham certos carrascos junto deles; um nas minas, a quem chamavam *minero*, outro nas terras, que era chamado *estanciero*, eram homens desnaturados que os cobriam de bastonadas e vergastadas, dando-lhes murros, aguilhoando-os, chamando-os sempre de cães; e nunca nesses carrascos se viu indício algum de humanidade ou de doçura, senão que ao contrário seu natural era extremamente tirânico e brutal. Na verdade seria uma crueldade tratar e governar assim, ainda que se tratasse de mouros, e por maior que seja o mal que tenham feito aos cristãos; tanto mais posso garantir que os índios são mui prudentes, muito humanos, muito dóceis e obedientes e afáveis como não há outra gente no mundo. Mas pelo fato de haverem alguns fugido para as montanhas por causa desses amaldiçoados *estancieros* e *mineros* e certos de que os fariam realmente morrer, os espanhóis escolheram certo oficial, a quem chamavam *aguaziles del campo*, que os ia perseguir e caçar nas montanhas. O governador tinha, nas cidades e nos sítios dos espanhóis, certas pessoas, das mais respeitáveis e importantes, que levavam o título de visitadores; a cada qual, unicamente em atenção ao ofício e fora das outras partilhas ordinárias que tinha feito, deu cem índios a fim de que deles se servisse. Esses eram os maiores carrascos da cidade, e eram mais cruéis que todos os outros; diante deles eram levados e apresentados pelos *aguaziles del campo* aqueles que tinham sido atingidos e presos nas montanhas; o acusador, aquele que os tinha sob comenda, se achava presente e os acusava dizendo que tal índio ou tais índios eram cães, que não o queriam servir e que iam todos os dias às montanhas por serem vagabundos e velhacos e, partindo, pedia que os castigassem. O visitador os amarrava incontinenti a um pau e ele mesmo, com suas próprias mãos, tomando de uma corda especial, dessas que nas galeras se chamam *anguilhas* e que é como uma espécie de verga de ferro, dava-lhes tantos golpes e batia-os com tanta crueldade que o sangue começava a correr de muitos lugares e ali eram deixados como mortos. Deus é testemunha das crueldades cometidas no aprisco dessas ovelhas. Eu creio que nem eu nem ninguém poderá jamais descrever ou narrar com as justas cores a milésima parte dessas torturas. O trabalho que lhes atiram sobre os ombros é extrair ouro; trabalho esse para o qual seriam necessários homens de ferro; pois é preciso perfurar as montanhas de baixo para cima mil vezes, revolvendo e furando os rochedos, lavando e limpando o ouro nos riachos, onde ficam constantemente na água, de todas as maneiras consumindo e alquebrando o corpo. E quando as próprias minas começarem a fazer água, então, além de todos os outros trabalhos, é preciso tirar toda essa água a braço. Em suma, para compreender que espécie de trabalho é tirar e amontoar ouro e prata, praza a Vossa Majestade considerar que os Imperadores Gentios e Pagãos, excetuando-se a morte, não davam aos mártires maior tormento nem maior condenação do que obrigá-los a extrair metal. Algumas vezes os índios eram retidos nas minas um ano inteiro, mas, quando viram que morriam todos, ordenaram que o ouro fosse tirado durante cinco meses, findos os quais seriam fundidos em quarenta dias, durante os quais os índios repousariam. Mas o seu repouso era fazer montes para plantar o pão que comiam, revolvendo a terra e levantando montículos durante esses quarenta dias de repouso; trabalho esse de que já disse que era mais penoso que levantar as vinhas ou lavrar a terra. Durante o ano ignoravam quando era dia de festa e, pouco ou muito, obrigavam-nos a trabalhar ininterruptamente. E por todo esse enorme trabalho não lhes davam nem mesmo de comer, nem mesmo bastante pão cazabi, que é o pão que se come nessa região, pouco nutrido se não for acompanhado de carne ou peixe. Com isso, davam-lhes pimenta do país e outras raízes, rostidas ou fervidas. E alguns espanhóis, que queriam ser considerados liberais na distribuição da comida, faziam matar um porco por semana para cinquenta índios; ainda assim o *minero* comia e destruía dois quartos, dividindo os outros dois quartos entre os índios, dando-lhes um pouco por dia, como os irmãos jacobinos distribuem pão bento nas igrejas. Alguns havia que, não tendo o que dar de comer aos índios em virtude de sua avareza, mandavam-nos passar dois ou três dias nos campos ou nas montanhas, onde podiam saciar-se dos frutos que por ali encontravam; e com o que traziam na barriga faziam-nos trabalhar os outros dois ou três dias sem lhes dar um único bocado de comida. Que pelo amor de Deus Vossa Majestade considere que força podiam ter esses corpos tão mal nutridos e que já por sua própria natureza são tão delicados e tão débeis, estando ainda consumidos e atormentados pela opressão; e de que modo poderiam viver muito tempo se levavam uma vida tão triste e tão angustiosa e com tão grandes trabalhos, sem comer. O governador ordenou que fossem pagos pelas suas jornadas de trabalho e pelos serviços que prestavam aos espanhóis; e seu pagamento eram três blancas por dois dias de trabalho, o que dava meio castelhano por ano, valendo 225 maravedis: soma essa com a qual se poderia comprar um pente, um espelho ou mesmo um desses chapeuzitos de padre-nosso verdes ou azuis. Ainda assim, durante anos seguidos não lhes davam cousa alguma; mas a fome e a angústia eram tão desmesuradas que os índios não se preocupavam muito com isso e não pensavam senão em poder comer até matar a fome ou em morrer, desejando abandonar uma vida tão desesperada. O governador suprimiu-lhes inteiramente a liberdade e permitiu que os espanhóis os submetessem a tão áspera prisão e servidão que quem não a tivesse visto nela não poderia crer nem compreendê-la, nada mais havendo neste mundo de que pudessem os índios gozar livremente; mais felizes são os animais que têm às vezes alguma liberdade para pastar quando são postos nos campos, porque nem essa os espanhóis, de que falamos, davam aos índios, que nunca tinham folga nem tempo disponível. O governador em pessoa os punha sob uma servidão absoluta, perpétua, involuntária e forçada; pois que nunca tinham os índios a mínima liberdade para fazer de moto próprio o que quer que fosse, senão que a crueldade, a ambição e a tirania dos espanhóis obrigava-os a fazer tudo, não como cativos, mas como animais que se levam amarrados para fazer o que se quer. Se por vezes deixavam-nos ir para casa a fim de repousar, ali não encontravam nem suas mulheres e crianças, nem cousa alguma para comer; ainda que houvesse o que comer, nunca lhes teriam permitido gastar o tempo necessário para prepará-lo: não havia pois outro remédio senão morrer. Assim os longos e penosos trabalhos fizeram-nos adoecer e isso acontecia cedo e facilmente; porque, como já se disse, são mui delicados de natureza e muito os prejudicava serem tão subitamente submetidos a uma vida tão contrária a seus costumes, sem misericórdia alguma esmagados pela enormidade do trabalho, batidos a bastonadas, chamados a todo propósito de velhacos; os espanhóis diziam então que fingiam-se de doentes para não trabalhar; mas quando viam que a doença aumentava e que deles já não se podia esperar serviço algum, nem proveito, mandavam-nos para casa, dando-lhes, para fazer trinta ou quarenta léguas de caminho, meia dúzia de raízes parecidas com rabanetes e um pouco de pão cazabi; e os pobres infelizes não iam muito longe e logo morriam desesperados; uns caminhavam duas ou três léguas, outros dez ou vinte, sustentados pelo grande desejo de atingir a casa e lá terminar a vida infernal que suportavam; e assim iam eles até que caíam mortos pelo caminho; e muitas vezes encontramos índios mortos assim, e outros a expirar, ou agonizando e gemendo e dizendo como podiam: fome, fome. Quando o governador via que os espanhóis haviam matado a metade ou dois terços dos índios que lhes havia dado, vinha novamente lançar a sorte e fazer a partilha dos índios para substituir os que faltavam; e isto o governador fazia quase todos os anos.

Pedrarias entrou na terra firme como um lobo esfaimado que se lançasse sobre um rebanho de ovelhas pacíficas, como se fosse a personificação do furor e da cólera de Deus, perpetrando inumeráveis matanças e roubos com os espanhóis que o acompanhavam; despovoou tantas cidades e tantos lugares povoados como um formigueiro de formigas, que jamais nenhum de todos aqueles que escreveram histórias puderam ver nem ouvir cousa semelhante. Roubou a Sua Majestade e a seus súditos, ele com todos aqueles que levou consigo; e os prejuízos que causou sobem a mais de seis milhões de ouro; tornou desertas mais de quatrocentas léguas de país, isto é, desde Darien, onde chegou primeiramente, até a província de Nicarágua, que era uma das regiões mais felizes, mais ricas e mais povoadas do mundo. Foi desse homem desgraçado que partiu a ideia primeira de dar os índios em comenda e esse uso se espalhou depois por todas as Índias onde há espanhóis e pelas quais toda essa gente se espalhou também: de maneira que dele e de suas comendas procede o verdadeiro prejuízo e a desolação com que Vossa Majestade foi defraudada em tantos e tão grandes reinos, desde o ano de 1504.

Quando dizemos que os espanhóis destruíram e desolaram sete reinos de Vossa Majestade, maiores que a Espanha, é preciso entender que nós vimos esses reinos cheios de gente como um formigueiro de formigas e que hoje em dia não há por ali mais ninguém; porque os espanhóis mataram todos os naturais do país, pelas maneiras que se referiram, e as cidades e as vilas já não têm hoje senão suas próprias muralhas; é como se toda a Espanha fosse despovoada, não permanecendo senão as muralhas das cidades, das aldeias e dos lugarejos, tudo deserto pela morte de todos os habitantes.

Extrato da Décima Terceira Razão

Vossa Majestade não tem em todas as Índias um só maravedi de renda, que seja certa, perpétua e durável; senão que toda a renda é como as folhas e a palha que se colhem no chão da terra e que, uma vez colhidas, não mais se volta ali. Assim são todas as rendas que Vossa Majestade tem nas Índias, vãs e de parca duração, e qual um sopro de vento; não se deve isto a outra causa senão a que os espanhóis têm os índios sob o seu poder; e como os matam e diminuem-nos cotidianamente é forçoso que na mesma proporção diminuam as rendas de Vossa Majestade.

Em grande perigo está o reino de Espanha de perder-se e destruir-se e ser espoliado e oprimido e desolado por outras nações estrangeiras, principalmente pelos turcos e pelos mouros; porque Deus, que é muito justo e verdadeiro, e soberano Rei de todo o Universo, está muito irado com as grandes ofensas e pecados que os da Espanha cometeram em todas as Índias, afligindo, oprimindo, tiranizando, espoliando, matando tantas gentes e tais, tudo sem razão nem justiça, e despovoando em tão pouco tempo tal país e tão grande; gentes todas que tinham almas razoáveis e foram criadas à imagem e semelhança da mui excelsa Trindade e que eram vassalas de Deus, resgatadas pelo seu sangue precioso, que tem em conta e não esquece uma só delas e que havia escolhido a Espanha como ministro e instrumento para que as conduzisse ao conhecimento; e como se quisesse recompensá-la neste mundo, havia-lhe acrescentado ao reino eterno tão grandes riquezas naturais, descobrindo-lhe tantas e tão grandes terras e tão férteis e tão agradáveis; e como riquezas artificiais tantas minas incomparáveis de ouro e prata e de pedras e de pérolas preciosas, com outros grandes bens de que nunca se tenha ouvido nem visto que os haja semelhantes; mas a respeito de todas essas cousas a Espanha mostrou-se ingrata, devolvendo com tantos males tantos bens que recebeu. E Deus tem ordinariamente esta regra na execução da sua justiça e punição, que castiga o pecado em quem ou no que o pecado foi feito.

A destruição, os tormentos, as violências, as injustiças, as crueldades e os assassinatos perpetrados no seio dessas gentes são tão grandes, tão enormes, tão públicos e tão notórios, que as lágrimas e os prantos e o sangue de tantos inocentes chegam até o mais alto dos céus e não voltam até que tenham sido ouvidos por Deus, descendo depois novamente, e já estão sendo ouvidos em todo o mundo e soam aos ouvidos de todas as nações estrangeiras, por mais horríveis e desumanos que possam ser; de onde se seguirá para os que ouvem um grande escândalo, um grande horror e abominação e ódio e infâmia que serão votados ao povo e aos reis de Espanha: de onde com o tempo poderiam resultar grandes amarguras.

Extrato do Protesto do Bispo e Autor Frei Bartolomé de Las Casas

Os prejuízos e as perdas que por virtude de todas essas causas recebeu a Coroa de Castela e de Leon e que toda a Espanha há de receber ainda por todas as devastações e matanças que perpetrar no resto das Índias, os cegos o verão, os surdos o ouvirão, os mudos o gritarão e os sábios o julgarão. E pois que não podemos viver muito tempo apelo para o testemunho de Deus, para todas as hierarquias e ordens dos Anjos, para todos os santos da corte celeste e para todos os homens do mundo, principalmente para os que viverem ainda por muito tempo, que certifiquem o que digo e sejam testemunhos do desencargo que faço da minha consciência. Porque se Sua Majestade permitir aos espanhóis todos os diabólicos processos referidos e as tiranias, quaisquer que sejam as leis e os estatutos que se queiram fazer, todas as Índias em pouco tempo estarão despovoadas e desertas, como deserta está agora a ilha Espanhola, outrora mui feliz e mui fértil e, assim como ela, no mesmo estado jazem as outras ilhas e os países de mais de três mil léguas, além da ilha Espanhola e dos países que lhes são distantes ou próximos. E por todos esses pecados (como bem sei pela Santa Escritura) Deus castigará horrivelmente e é possível mesmo que destrua inteiramente a Espanha.

No ano de 1542.

Bibliografia

Os principais livros de Frei Bartolomé de Las Casas:
Apologética Historia de las Indias. Universidade Autônoma do México, 1966.
Del Único Modo de Atraer a Todos los Pueblos a la Verdadera Religión. México: Fondo de Cultura Económica, 1972.
Los Indios de México y Nueva España. México: Editorial Porrúa, 1979.
Opúsculos, Cartas y Memoriales. Madri: Editorial Atlas, 1958.
Tratados. México: Fondo de Cultura Económica, 1966.

Os melhores ensaios sobre Las Casas:
Bataillon, Marcel. *Études sur Bartolomé de Las Casas.* Paris, 1966.
Hanke, Lewis e Fernández, Manuel Giménez. *Bartolomé de Las Casas. Bibliografía Crítica y Cuerpo de Materiales para el Estudio de su Vida, Escritos, Actuación y Polémicas que Suscitaron Durante Cuatro Siglos.* Santiago do Chile: Imprensa Universitária, 1954.

Bibliografia geral:
Chaunu, Pierre. *Conquista y Explotación de los Nuevos Mundos.* Barcelona: Editorial Labor, 1973.
Galeano, Eduardo. *As Veias Abertas da América Latina.* Porto Alegre: L&PM, 2010.
Ferreira, João Francisco. *Fragmentos de Cortés, Bernal, Las Casas e Garcilaso.* Porto Alegre: UFRGS, 1958.
Maguidóvich, I.P. *Historia del Descubrimiento y Exploración de Latinoamérica.* Moscou: Editorial Progresso, 1971.
Neruda, Pablo. *Canto Geral.* São Paulo: Difel, 1980.
Romano, Ruggiero. *Mecanismos da Conquista Colonial.* São Paulo: Perspectiva, 1973.

Todorov, Tzvetan. *A Conquista da América. A Questão do Outro.* São Paulo: Martins Fontes, 1983.

Especificamente sobre a Legenda Negra:
Arnoldsson, Sverker. *La Leyenda Negra. Estudios sobre sus Orígenes.* Göteborg, 1960.
Juderías, Julián. *La Leyenda Negra.* Madri, 1953.

Especificamente sobre o Interrogatório Jeronímico:
Hanke, Lewis. *The First Social Experiments in America.* Cambridge: Harvard University Press, 1935 (reeditado).

Cronologia biográfica de Bartolomé de Las Casas

1474 – (Agosto?) Nasce em Sevilha Bartolomé de Las Casas. Praticamente nada se sabe sobre seus primeiros 27 anos.

1502-06 – Embarca com destino à ilha de Espanhola, hoje República Dominicana, onde chega em abril de 1502. Reside quatro anos na ilha.

1507 – Retorna a Europa. Ordena-se sacerdote, provavelmente em Roma.

1511 – Encontra-se novamente em Espanhola. Recebe seu primeiro lote de índios, na localidade de Concepción de la Vega, na ilha. Em 30 de novembro, assiste ao famoso sermão do padre Antonio de Montesinos, criticando os conquistadores e defendendo os índios.

1513 – Acompanha Pánfilo de Narváez na conquista de Cuba, recebendo novo lote de índios, na localidade de Jaguá, em Cuba.

1514 – Residindo em Cuba, toma a decisão de dedicar sua vida à defesa dos índios.

1515 – Renuncia a seus lotes de índios. Em julho, na cidade de São Domingos, em Espanhola, ingressa na ordem dos dominicanos. Viaja para a Espanha em outubro, para advogar em defesa dos índios. Políticos, bispos e o próprio rei, D. Fernando, o Católico, ignoram seus protestos.

1516 – Em Madri apresenta dois novos memoriais em defesa dos índios e acusando os conquistadores. Em função deles, a Corte decide enviar às Índias uma comissão formada por três freis jerônimos que analisará a situação. Nessa ocasião, Las Casas se autodenomina "protetor universal de todos os índios". Em novembro, o grupo inteiro embarca para Espanhola.

1517 – Insatisfação de Las Casas e dos dominicanos com o andamento das investigações dos jerônimos. Em maio, Las Casas viaja novamente à Espanha para novas reclamações.

1518-19 – Las Casas começa a gestionar apoio político e financeiro para executar seu projeto de colonização de terras indígenas com camponeses recrutados na Espanha. Em fins de 1519, Las Casas consegue impugnar, junto ao rei, as opiniões do Frei Juan Cabedo em favor da escravidão dos índios.

1520 – Em maio, o rei D. Carlos concede a Las Casas uma região na costa da Venezuela para realizar seu projeto de colonização pacífica por meio de agricultores. Em novembro, Las Casas e seu grupo embarcam para a América.

1521-22 – Em São Domingos, Las Casas encontra vários obstáculos a seu projeto. Viaja a região que lhe foi concedida, retorna à Espanha em busca de auxílio; em breve chegam notícias do fracasso do empreendimento.

1527 – Começa a escrever *História Geral das Índias*.

Las Casas viaja à Cidade do México para discursar a favor dos índios.

1531 – Las Casas retorna a Espanhola. Ajuda a pacificar a rebelião indígena liderada pelo cacique Enriquillo.

Las Casas, em companhia de outros freis dominicanos, embarca para o Peru. O navio naufraga e dois meses depois o grupo chega à Nicarágua, onde fica até o final do ano.

1536-37 – Las Casas e seus companheiros estabelecem residência em Santiago de Guatemala. Combinam com o governador um convênio para a redução pacífica dos índios da região de Tezulutlán e iniciam os trabalhos preparatórios.

1540 – Las Casas gestiona e obtém várias cédulas reais em favor de sua missão na Guatemala.

1542 – Em Valladolid, Espanha, se reúnem juízes e intelectuais para discutirem a questão indígena. Las Casas intervém decididamente. Da reunião saem as famosas "Leyes Nuevas", que os conquistadores consideraram lesivas a seus interesses, mas que mesmo assim não satisfazem Las Casas.

1543 – Las Casas é apontado para ser o Bispo de Chiapa, no México.

1544 – Em março, em Sevilha, recebe a consagração episcopal. Em julho embarca com direção a Chiapa.

1545 – Graves conflitos entre Las Casas e os colonos e *encomenderos*.

1546 – Las Casas encontra enormes dificuldades com o vice-rei Don Antônio de Mendoza, favorável a escravidão dos índios. No final do ano decide retornar à Espanha.

1547-48 – Las Casas na Espanha. Já não retornará mais ao Novo Mundo. Durante esses anos, obtém muitas cédulas reais para favorecer sua missão na Guatemala. Entra em conflito aberto com Juan Gines de Sepulveda ao impedir a publicação do tratado *Democrates alter*, onde compara os índios a animais.

1550 – Primeira reunião da junta de Valladolid, cujos membros presenciam o grande debate entre Las Casas e Sepulveda (meados de agosto/setembro).

1551 – Nova reunião da junta, em maio. Debates calorosos. Las Casas depõe durante cinco dias ininterruptos.

1552 – Las Casas em Sevilha. Publica alguns de seus mais polêmicos tratados, como *Brevísima Relación de la Destrucción de las Indias Occidentales*.

1555 – Começa a escrever sua *Apologética Historia*.

1558 – Os freis dominicanos da missão da Guatemala fundada por Las Casas aceitam recorrer a guerra contra os índios hostis da região, e no ano seguinte se iniciam os combates. Fracassa assim a experiência de dominação pacífica, tão batalhada por Las Casas.

1564 – Las Casas redige seu testamento, no qual lega todos seus manuscritos e papéis ao Convento de São Gregório, em Valladolid.

1566 – Morre em Madri, em 17 ou 18 de julho. Posteriormente, seus restos mortais são transladados para o convento de São Gregório.

Cronologia do descobrimento da América

1492 – Primeira viagem de Cristóvão Colombo; reconhecimento das Lucaias e das Grandes Antilhas.

1493 – Segunda viagem de Colombo; reconhecimento da Jamaica e das Pequenas Antilhas.

1498 – Terceira viagem de Colombo; reconhecimento da costa da Venezuela – Rebelião indígena em São Domingos, onde Colombo deixara colonos.

1499 – Os irmãos Pinzon percorrem a costa das Guianas e do Brasil até a altura do rio Amazonas.

1500 – Pedro Álvares Cabral chega a costa do Brasil.

1501 – Américo Vespúcio percorre a costa atlântica da América do Sul e chega até a altura do atual Rio de Janeiro.

1502 – Quarta viagem de Colombo; reconhecimento da costa do Panamá e de Honduras.

1502-20 – Montezuma na chefia da confederação asteca.

1504 – Publicação do *Mundus Novus* de Américo Vespúcio: tomada de consciência da autonomia geográfica da América.

1506 – Morte de Cristóvão Colombo.

1508 – Começa a ocupação de Porto Rico.

1509 – Início da real ocupação da Jamaica.

1510 – Início da real ocupação de Cuba.

1513 – Vasco Nunez de Balboa atravessa o istmo do Panamá e chega ao oceano Pacífico.

1516 – Juan Diaz de Sólis atinge o rio da Prata.

1518 – Juan de Grijalva percorre a costa do México.

1519 – Partida de Magalhães. Expedições de Cortez ao México; Montezuma é aprisionado.

1520 – Pánfilo de Narváez desembarca no México tentando afastar Cortez. Vitória de Cortez.

1521 – Cerco, tomada e destruição Tenochtitlan (México) por Cortez. Juan Ponce de Leon desembarca na Flórida.

1522 – Conquista da Nicarágua por Gil González Dávila.

1523 – Reconhecimento da Guatemala por Pedro de Alvarado.

1525 – Primeira associação entre Francisco Pizarro e Diego de Almagro para a conquista do Peru: fracasso do empreendimento.

1526 – Exploração de Honduras por Fernão Cortez. – Reconhecimento do Iucatã por Francisco de Montejo.

1531 – Conquista da região de Cartagena das Índias (Colômbia) por Pedro de Heredia.

1532 – Ataualpa, imperador inca, é capturado por Pizarro.

1533 – Tomada de Cuzco, capital inca, por Pizarro. – Execução de Ataualpa.

1535 – Desembarque de Pedro de Alvarado no Equador. – Fracasso de uma tentativa de conquista do Chile por Almagro.

1537 – Morte de Fernão Cortez.

1540 – Partida de Cabeza de Vaca para o rio da Prata. – Valdívia penetra no Chile. Início da conquista dos maias de Iucatã por Francisco de Montejo, o Jovem.

1541 – Morte de Francisco Pizarro.

1543 – Início das guerras civis no Peru. Orellana explora o alto rio Amazonas.

1545 – Descoberta das minas de prata de Potosí.

1547 – Fim das guerras civis do Peru.

1556 – Proibição oficial quanto ao emprego das palavras "conquista" e "conquistadores", que deverão ser substituídas por "descobrimento" (descobrimento) e "pobladores" (colonos).

Cronologia baseada no trabalho de Ruggiero Romano. *Mecanismos da Conquista Colonial.* Perspectiva: São Paulo, 1973.

lepmeditores
www.lpm.com.br
o site que conta tudo

IMPRESSÃO:

PALLOTTI
GRÁFICA

Santa Maria - RS | Fone: (55) 3220.4500
www.graficapallotti.com.br